EKKART SAUSER

Der Domstein

Legenden aus dem Trierer Land

S. Pantaleoni mart. et med.
successori amico
dedic.

Der Domstein

Legenden aus dem Trierer Land

Gesammelt und neugefaßt

von

Ekkart Sauser

Illustrationen von Heinrich Feld

Verlag der Akademischen Buchhandlung Interbook
Trier 1985

Herstellung: Paulinus-Druckerei GmbH, Trier

ISBN 3-88915-025-X

Zum Geleit

Legenden sind eine ganz besondere Form von Wahrheitsdarstellung. – Im Kleide des Ungewohnten, des Schreckenerregenden, des Wunderbaren erscheint eine sehr tiefe und sehr umfassende Wahrheit. Das außertourliche Kleid verdeckt – und enthüllt zugleich diese Wahrheit. Es verdeckt sie für die Augen derer, die es allzu schnell und allzu direkt mit der Wahrheit zu tun bekommen wollen. Es enthüllt jedoch wiederum diese Wahrheit denen, die mit Zeit, Muße und Kultur ihr begegnen wollen. – Ja – für die wirkliche Wahrheit braucht es ein weites, ruhiges, phantasievolles Gemüt und Herz – und gerade dieses Herz und dieses Gemüt sprechen die Legenden besonders an. Unsere Zeit ist weithin gegen ein solches Herz – und so gegen die Wahrheit und ihre Legenden. – Denen aber, die ein solches Herz haben, sich trotz allem unentwegt bewahrt haben – und denen, die ein solches „bekommen" wollen, sei diese Legendensammlung in die Hände gelegt. Die Wahrheiten Gottes, seiner Kirche, des menschlichen Lebens sind in diesem kostbaren, alten Kleid zum betrachtenden Lesen dargeboten – eingedenk der Worte von Walter Nigg in seinem Buch: „Glanz der Legende" (Zürich und Stuttgart 1964): „Legenden sind gestaltgewordener Geist des Christentums, der alle pragmatische Tatsächlichkeit überflutet . . . In der Verbindung von geschichtlichen und übergeschichtlichen Vorgängen besteht der innere Gesang der Legende. Es findet keine Vermischung von Dichtung und Wahrheit statt, wohl aber wird alles Geschichtliche ins Übergeschichtliche gehoben. Legenden berichten nicht Ereignisse im üblichen Sinn, sie charakterisieren schon im Erzählen das religiöse Geschehen und verkünden eine Wahrheit, die alle historische Genauigkeit weit übertrifft . . . Mit den wunderbaren Zügen will die Legende das Eingreifen Gottes im Dasein des Christenlebens manifestieren, und sie verkündigt damit gar hell die Macht des Ewigen . . . Über der Legendenwelt wölbt sich noch ein offener Himmel – sie betrachtet das Dasein des Christen ausschließlich sub specie aeternitatis . . . Legenden sind vor allem Symbole . . . Da die Legenden immer ein Symbol, eine Haltung verdeutlichen, sind sie nicht ihretwegen aufgeschrieben, sondern vor allem unseretwegen . . . Legenden haben es immer unmittelbar mit dem Leser zu tun, und wer sie nicht zum eigenen Seelenheil liest, nimmt sie nicht mit ihrer ursprünglichen Intention in sich auf" (S. 24–26, mit Auslassungen). –

Vorliegende Ausgabe von Legenden, die Trier und nähere wie weitere Umgebung betreffen, stellt eine Auswahl aus verschiedenen Quellen dar. Dabei wurde der Versuch unternommen, im Sinne des Zitates von Walter Nigg: „Legenden sind gestaltgewordener Geist des Christentums“ in etwa vorzugehen. –

Herrn stud. theol. et phil. Bernd Kettern, Trier, danke ich für seine Mithilfe in der Findung der Quellen.

So wünsche ich allen Lesern viel Einfalt beim Lesen dieser Legenden, denn:

„Wenn wir in Einfalt stehen, ist es in der Seele licht. Aber wenn wir doppelt sehen, so vergeht uns das Gesicht.“

EKKART SAUSER

Trier, am Vorabend von Mariä Himmelfahrt, 14. August 1985.

Inhalt

Verwendete Quellen

1. Ph. Laven: Trier und seine Umgebungen in Sagen und Liedern, Trier 1851.
2. A. Görgen: Das Moselland in Sage und Geschichte, Natur und Kultur, Trier 1910.
3. A. Antz: Rheinlands Heldensage – eine Fahrt durchs Land der Mönche, Ritter und Schelme. Durchs Moselland: Von der Porta Nigra bis zum deutschen Eck, Wittlich 1930.
4. N. Lackas: Legenden vom heiligen Trier, Trier 1933.
5. M. Scherer: Sagen und Sitten an Mosel und Saar, Konz 1959.
6. J. Hau: Aus dem Altmattheiser Wunderbuch, Trier 1948.
7. R. Schlundt: Sagen aus Rheinland-Pfalz, Köln 1983.

Maria webt ein Kleid ohne Naht für das erwartete Jesuskind

Sieben Jahre hatte Maria im Tempel zu Jerusalem dem Herrn gedient. Als sie nach Nazareth zurückkehrte, sah sie der Hohepriester nur ungern scheiden. Gerade jetzt wäre ihre Anwesenheit besonders nötig gewesen: Ein neuer Vorhang für den Tempel sollte fertiggestellt werden – und Maria hatte sich in den vergangenen Jahren als sehr erfahren im Weben gezeigt. – Was tun? – Kurzerhand übergab der Hohepriester Maria bei ihrem Abschied Fäden von Gold, Byssus und rot und purpurn gefärbter Seide. Daraus sollte sie im „Haus zu Nazareth" einen Vorhang weben, der des Tempels wahrhaft würdig sei.

Sofort machte sich Maria, in Nazareth angekommen, an die Arbeit. Sie bereitete die Purpurfäden in ihrer Kammer vor und legte sie zurecht. Da – auf einmal stand der Erzengel Gabriel vor ihr und brachte ihr die Botschaft von der Menschwerdung des Sohnes Gottes. – Maria unterbrach nun für eine kurze Zeit die Arbeit am Vorhang und eilte ins Gebirge zu ihrer Base Elisabeth, um ihr von diesem Ereignis Nachricht zu bringen.

Nach ihrer Rückkehr vollendete sie den Vorhang für den Tempel und hatte eine große Freude an seiner Schönheit und Pracht. – Aber bei aller Begeisterung darüber dachte sie weiter. Sie dachte an ein Kleid für den bald kommenden Gottessohn. – So machte sie sich neuerdings ans Weben – diesmal nicht für den Tempel, sondern für den Herrn des Tempels. – Ihre jungfräulichen Hände webten nun ein Kleid ohne Naht, von unten nach oben aus einem Stück. Hatte Maria schon beim Weben des Vorhangs für den Tempel große Freude empfunden – die Freude, die sie jetzt erfüllte, war unvergleichlich größer. Natürlich konnte sie das Gewand für das göttliche Kind nur aus Wolle und ohne Musterung fertigen – aber eines vermochte sie in all ihrer Armut: Sie webte all ihre Liebe, all ihr Leid und ihre demütige Ergebenheit in das Kleid, wohl wissend aus den heiligen Büchern der Bibel, daß er dieses Kleid tragen würde als der Mann der Schmerzen. – Der Knabe wurde geboren, er wuchs heran – und als seine Eltern mit ihm am Sabbat zum erstenmal in die Synagoge gingen, da trug er dieses Kleid, das ihm einst seine Mutter gewebt hatte. – Aber, o Wunder: Maria merkte mit Staunen, wie der ungenähte Rock mit ihrem Sohne Jesus mitwuchs, sich ständig seiner Größe anpaßte und durch die Zeiten keinen Schaden litt.

Pontius Pilatus hüllt sich in den Heiligen Rock Christi

Pilatus war beim Kaiser Tiberius in Ungnade gefallen. Dieser ließ ihn vor seinen Richterstuhl zitieren. Der Landpfleger wußte nicht aus noch ein, wie er dem mächtigen Herrscher begegnen sollte. Tausend Gewissensbisse peinigten ihn. Am ärgsten aber kam es ihn an, daß er einst Jesus, den Nazarener, dem Tode hatte überliefern lassen. So lief er wie ein gehetztes Wild tagelang in seinem Palast hin und her. – Da kam ihm endlich ein rettender Gedanke – er entsann sich, daß doch des hingerichteten „Königs der Juden" Tunika wohlverwahrt in seinem Palaste aufbewahrt sei – diese wollte er anziehen, gleichsam als Schutz, wenn er vor das fürchterliche Antlitz des römischen Herrschers treten mußte. – Hatte nicht der Hauptmann unter dem Kreuze Jesu ihm, Pilatus, diese Tunika einst vom Kalvarienberg mitgebracht und dabei gesagt: „Wahrhaftig, der sie getragen hat, war der Sohn Gottes"? – Wenn dies nun wirklich stimmen sollte, dann wäre doch zu hoffen, daß dieser Sohn Gottes ihm auch vor Tiberius helfen könnte – oder nicht? – Nun denn! Pilatus ließ sich die Tunika Christi bringen und stand nun seit langen Zeiten wieder vor ihr . . . Wiederum überkam ihn eine fürchterliche Angst wegen des Todes Jesu – und dennoch: Je länger er auf das Gewand blickte, um so mehr wichen Trauer und Angst. Vertrauen begann sich zu regen ob der Liebe des Erlösers vom Kreuze herab. – Da faßte er Mut, zog sich die Tunika über und trat vor das hohe Tribunal des römischen Kaisers. – Der Kaiser aber sah seinen Landpfleger, den stolzen, dem nichts schön genug war, in die ärmliche Tunika Jesu Christi gehüllt, vor ihn treten. Zorn stieg in ihm hoch. Er fuhr Pilatus an und rief: „Was soll das alles?" – Dieser antwortete demütig: „Sühnen will ich, was ich gefehlt habe. Ich habe unschuldiges Blut vergossen und finde nun keine Ruhe mehr vor dem, den ich aus Feigheit dem Kreuze überantwortete und in dessen Kleid ich hier stehe." Nach diesen Worten beugte sich Pilatus tief vor Tiberius, der nunmehr merkte, wie Mitleid über ihn kam. Er wehrte sich dagegen – aber es half nichts: Vom Heiligen Rock ging eine Kraft aus, die den Kaiser zur Sanftmut zwang, ob wer wollte oder nicht – und er überließ den Pontius Pilatus seinem eigenen Gewissen und ließ ihn ziehen, ohne daß er ihn verurteilte.

Die heilige Helena erhält den Heiligen Rock Christi zum Geschenk

Helena war nun schon ein ganzes Jahr am Suchen nach dem ungenähten Gewand Jesu Christi. Sie sehnte sich mit der ganzen Glut ihres Herzens nach diesem heiligen Gewande. Das hochheilige Kreuz hatte sie bereits gefunden – aber, wo war denn nur seine Tunika? Ganz Jerusalem durchforschte sie, mischte sich unters Volk und fragte die einfachen Leute danach. Sie bot für eine richtige Auskunft viel Geld – aber niemand konnte ihr einen Hinweis geben. Selbst an die römischen Soldaten machte sie sich heran, vielleicht wüßten diese den geheimen Verbleib! – Aber auch dies war ganz und gar umsonst. Schließlich wollte sie schon nach Trier zurückkehren, da hörte sie nachts im Traum eine Stimme, die sie aufforderte, im Hause des Herodes nach der Tunika Christi zu suchen. Helena schob ihre Rückreise nach Trier auf, schöpfte Hoffnung, ging in den Palast des Herodes und bot sich dort als Dienstmagd an. – Die Königin war sehr beeindruckt von der Schönheit und Güte der jungen Bittstellerin und nahm sie für ein Jahr als Magd im königlichen Haushalt auf. – Wohl gewann sie die Zuneigung des Königspaares, allein das Hofgesinde begann Helena zu hassen wegen ihrer Dienstbereitschaft und würdevollen Erscheinung. Aber Helena ließ sich durch nichts beirren – sie kannte ja nur ein Ziel: den Erwerb der Tunika Christi. Aber wohin sie im Palaste des Königs auch kam – nirgends war die Tunika zu sehen. – Da traf es sich, daß sie das einzige Kind des Königspaares aus Lebensgefahr erretten konnte. – Daraufhin forderten der König und die Königin sie auf, einen Wunsch zu äußern, sei es was es wolle. – Helena jedoch verzichtete zunächst noch auf die Bitte nach dem Gewande des Erlösers. Sie erklärte, sie hätte bei dieser Rettung nur ihre Pflicht getan – mehr nicht, darum wolle sie nichts dafür haben. Und so blieb Helena weiter die stille, fleißige Magd, Tag für Tag – aber den Heiligen Rock bekam sie nicht vor die Augen. Eines jedoch geschah: Sie gewann immer mehr das grenzenlose Vertrauen des Herrscherpaares und so schlug eines Tages die selige Stunde, daß sie in ein Gemach kam, in dem der Heilige Rock Christi hing. Sie traute ihren Augen nicht, als sie des heiligen Stückes ansichtig wurde, fiel auf die Knie und ward zutiefst erschüttert, als sie die Blutflecken von Jesu Passion in diesem Gewande erblickte. – Dieses Ereignis fiel nun gerade in das Ende ihres Dienstjahres am königlichen Hofe. So erschien sie eines Tages vor dem König, um Abschied zu nehmen. Wiederum fragte sie der Herrscher nach ihrem Wunsche. Da faßte sich Helena ein Herz, sah Herodes fest und bittend an und sprach also: „Ich möchte die heilige Tunika Christi haben, die du in deinen Gemächern verwahrst." – Da erschrak der König, denn nur ungern wollte er an Jesus, den Nazarener, erinnert werden. – Aber er hielt sich an sein Versprechen und vermochte nicht, seiner überaus treuen Dienstmagd diese Bitte abzuschlagen. So übergab er den Heiligen Rock Christi der heiligen Helena. In großer Freude drückte Helena den Rock an ihr Herz und schenkte ihn der Kirche von Trier.

König Orendel und der Heilige Rock Christi

Den Heiligen Rock, den Maria noch vor der Geburt Jesu Christi aus der Wolle eines schönen Lämmleins gesponnen und ohne Naht aus einem Stück gewirkt hatte, schenkte einst König Herodes nach dem Tode Jesu einem Juden. – Dieser ging hin und begann, das Gewand in einem Brunnen zu waschen, damit die Blutflecken von des Heilandes Passion verschwänden. Aber es half kein Waschen – die Blutspuren verblieben, so wollte es Jesus Christus, der einstweilen auferstanden und in den Himmel aufgefahren war. – Der Jude meldete diese merkwürdige Begebenheit dem Herodes. Dieser erschrak und wurde unwillig zugleich, ließ das heilige Kleid in einem Steinsarg verschließen und das Ganze ins Meer versenken. Da kam ein Sturm und zerschlug den Sarg am Strande. Ein Engel barg den Rock und legte ihn tief in die Erde. – Nach acht Jahren fand ein frommer Wallfahrer den Rock, bemerkte die Blutspuren, deutete diese richtig und legte den Rock wiederum auf die Fluten des Meeres – das sah ein Walfisch, schnappte nach dem Gewand und verschlang es. Acht Jahre trug er es in seinem Magen. – Nun traf es sich, daß der Held Orendel, der Sohn des mächtigen Königs Eigel von Trier, als er Ritter geworden war, von der schönsten aller Frauen hörte – es war

dies die Königin Breida von Jerusalem, die Wächterin des heiligen Grabes. Sie wollte Orendel zur Frau haben und so fuhr er denn mit großem Gefolge auf 72 Kielen die Mosel und den Rhein hinab und stach in See zur Fahrt ins Heilige Land, mit dem einzigen Ziel, Breida als Gattin zu gewinnen. – Jedoch es kam ganz anders, als er es sich dachte. Die Schiffe gerieten in einen Sturm, gingen in den Fluten unter und alle Gefolgsleute des Orendel ertranken – nur Orendel selbst blieb am Leben. Vollkommen verarmt mußte er sich als Knecht bei dem Fischer Eise verdingen. – Eines Tages erlegten sie einen Wal. Beim Zerlegen des Fisches entdeckten sie in dessen Bauch den Heiligen Rock Christi. Orendel erwarb ihn vom Fischer für 30 güldene Pfennige. – Von da an schlug er, angetan mit diesem Heiligen Rock, die Heiden vor Jerusalem, sie bekehrten sich und ließen sich taufen. Sodann gewann er Breidas Liebe, wurde König von Jerusalem und ward von allen hochgeehrt. Mit Breida, seiner Frau, bezwang Orendel sehr bald in vielen Schlachten die Fürsten und Völker Babylons, er führte sie zugleich dem Christentum zu und ließ sie taufen. – Nicht lange nach Abschluß dieser Kämpfe erschien ein Engel des Herrn vor Orendel und Breida mit der Botschaft: „Vor dem alten Trier lagern dreizehn heidnische Könige, sie bringen viel Not über Stadt und Land, komm deinem Vater Eigel zur Hilfe, sonst verliert er die Herrschaft über diese Stadt und viele Menschen müssen sterben." – Sofort eilte Orendel mit seinen Scharen in Richtung Trier. – Als die Heiden vor Trier hörten, Orendel sei in Metz eingetroffen, zogen sie ihm entgegen, baten ihn um Verzeihung und versprachen, sogleich Christen zu werden. Kaum hatte sich die Lage in Trier beruhigt, erschien wiederum ein Engel des Herrn vor Orendel und sprach: „Christi Rock darfst du nicht mit dir führen, Trier soll er hinfort herrlich zieren." Daraufhin ließ Orendel drei Priester rufen, barg den Heiligen Rock in einem steinernen Sarg, empfahl ihn seinem Vater und dem Trierer Land und eilte zurück nach Jerusaelm, an das heilige Grab, denn dort waren von neuem Feinde eingebrochen. – Wiederum kam es zu erbitterten Kämpfen, aber Orendel konnte schließlich doch den Sieg davontragen. Jerusalem und das heilige Grab wurden wieder befreit. Fortan lebte das Königspaar nun in Frieden und diente dem heiligen Grab um Gotteswillen. – Am Ende ihres Lebens wurden Orendel und Breida zum Lohn für ihre Treue von heiligen Engeln ins himmlische Reich geleitet.

Der Mönch erblindet vor dem Heiligen Rock Christi

Eine wahrheitsgetreue Überlieferung, die sich bei all unseren Vorfahren findet, berichtet, wie in weiten Kreisen der Bevölkerung Meinungsverschiedenheiten auftauchten über den wahren Inhalt des Schatzbehälters des Domes. Die einen meinten, es sei die ungenähte Tunika des Herrn, die anderen hielten dafür, in dem Schrein befinde sich das Purpurgewand, mit dem Jesus zur Zeit seines Leidens bekleidet gewesen sei, wiederum andere ahnten die Sandalen des Welterlösers als den wahren Inhalt. – Schließlich wollte ein sehr frommer Bischof Triers diesem Hin und Her der Meinungen ein Ende setzen. Nach gemeinschaftlicher Beratung mit dem gläubigen Volk, dem Ordens- und Weltklerus befahl er, die Stadt solle ein dreitägiges Fasten abhalten und in demütigem Gebete Gott anflehen, er möge einem Menschen wenigstens den Einblick in diesen Schrein gewähren. – Nachdem das Fasten beendet war, versammelte der Oberhirte Triers Klerus und Volk der Stadt in der Kirche des heiligen Petrus. – Die Menge erwählte einen Mönch von besonderer Frömmigkeit – er möge in den geöffneten Schrein hineinblicken und allsogleich dem Bischof von dem Gesehenen Mitteilung machen. – So öffnete der Mönch die wertvolle Truhe, in der der heilige Bischof Agritius die kostbaren Reliquien Christi geborgen hatte. Allein, in dem Augenblick, da der Deckel geöffnet ward und der Mönch hineinsehen wollte, erblindete der Mönch an beiden Augen gänzlich – und alle standen fassungslos vor dem unbegreiflichen Ratschluß Gottes. Hierauf beschlossen die Menschen von Einsicht und Klugheit, daß niemals mehr der Schrein mit dem Heiligen Rock zur Ansicht geöffnet werden dürfe – und so versuchte niemand mehr, dieser Neugierde nachzugeben. Denn: Wenn selbst einem Gerechten, wie es ohne Zweifel der fromme Mönch war, der Anblick durch Verhängung von Blindheit verwehrt wurde, und zwar unmittelbar von Gott, um so mehr müsse sich ein Sünder davor hüten, Unschaubares schauen zu wollen.

Die heilige Helena, die fromme Magd, bringt über alles Gottes Segen

In der Fleischstraße zu Trier stand in alter Zeit das Krämeramtshaus. Hier diente eine Magd, Helena genannt, ein Kind armer Leute. Sie war nicht nur schön. Sie besaß ebensosehr ein ganz gutes Herz und war fromm und fleißig. Wenn die anderen Mägde noch schliefen, kam sie bereits aus der Kirche und hatte wohl schon unterwegs einen Armen durch eine Gabe erfreut. Darum ruhte Gottes Segen auf allem, was sie tat und angriff. Ihr Hausherr vermerkte mit Staunen, wie alles besser wurde, wenn sie sich im Namen Gottes an die Arbeit machte: ging sie bei trübem Wetter an die Wäsche, fing sogleich die Sonne an zu scheinen, fehlte es einmal an Feuer im Hause, so kochte sie die Speisen eben ohne Feuer gar, fütterte sie das Vieh, dann gab die Kuh doppelt soviel Milch, die Hühner legten dreimal so viele Eier als sonst.

Ja, selbst das Weinwunder auf der Hochzeit zu Kana schien sich unter ihren Händen zu wiederholen, denn: War bei einer hochzeitlichen Tafel kein Wein mehr da, so füllte sie Wasser in die Krüge und die Gäste bekamen den besten Wein zu kosten. Als einmal eine bestimmte Anzahl zu Gast angemeldet war und schließlich dreimal so viele eintrafen, war der Wirt schier am Verzweifeln. Die Magd Helena jedoch begann unter inständigem Gebet zu Gott die Tafel zu richten – und siehe da, alle wurden satt, obwohl nur für wenige Vorrat vorhanden war.

Wiederum: Manche Teilnehmer, und vor allem der Wirt, dachten bei diesen Vorgängen an die wunderbare Brotvermehrung durch unseren Herrn Jesus Christus. – Kein Wunder, daß das Krämeramtshaus diese wundervolle Magd um nichts in der Welt entbehren wollte. – Doch Gott hatte etwas anderes mit ihr vor. Als sie 18 Jahre alt war und in ihrer Schönheit und Herzensreinheit der schönsten Maienrose glich, da zog Kaiser Konstantius in Trier ein und allsogleich fielen seine Augen auf die schöne Helena. Er wünschte sie zu seiner Gemahlin, und Helena willigte ein, denn in allem erkannte sie die Fügung Gottes. – So kam es, daß die arme Dienstmagd Kaiserin wurde, auf einem goldenen Throne saß und von Stund an die schönste Krone aus Gold und Edelsteinen trug. Aber all diese Pracht und Herrlichkeit ließ sie Jesus nicht vergessen – im Gegenteil: Je länger sie Kaiserin war, um so mehr liebte sie Jesus und wurde zu einem wahren Engel für Trier, für das ganze Land, besonders aber für die Kirche Christi, dessen Name hier bereits in hohen Ehren stand. Lange Zeit noch bewahrte das Krämeramtshaus eine wandgroße Abbildung der Wundertaten der frommen Dienstmagd Helena wie ein Heiligtum.

Die heilige Helena findet das Kreuz Christi

Wohl hatte es der Teufel vermocht, für eine gewisse Zeit das heiligste Kreuz unseres Herrn Jesus Christus unsichtbar und unauffindbar zu machen – es lag verborgen im Schutt auf dem Kalvarienberg. – Aber wie einst die Gottesmutter Maria die Schande Evas überwand, so sollte wiederum eine Frau diese teuflische List besiegen.

Es war Helena, die große Kaiserinmutter, die ins Heilige Land pilgerte und nicht länger ruhte, bis sie denn das wahre Kreuz Christi gefunden hatte. – So ließ sie auf Golgotha den Boden aufgraben und das Erdreich wegnehmen. Und siehe da: Sie stieß auf drei durcheinanderliegende Kreuzeshölzer – es konnten nur die drei Kreuze sein, die einst am Karfreitag errichtet worden waren und auf denen Christus und die beiden Schächer gestorben waren. – Aber nun kam die große Frage: Welches von diesen drei Kreuzen ist nun in Wahrheit das Kreuz Christi? Da erinnerte sich Helena, daß auf dem Kreuze Christi Pilatus die Aufschrift hatte anbringen lassen: „Jesus von Nazareth, König der Juden." – Da sah sie näher zu und fand wirklich die Aufschrift, und damit das Kreuz, das Heil der Welt, ließ Kranke anrühren, die alsbald gesund wurden, fiel auf die Knie und betete den Heiland an. Dann entschloß sie sich, die bedeutendsten Städte ihres Reiches mit einem Teil dieses heiligsten Kreuzes zu beschenken, damit diesen so sicherer Schutz widerfahre. Den Hauptteil erhielt Rom, wo die ehrwürdige Basilika von S. Croce bis zum heutigen Tage diese kostbare Reliquie verwahrt. Dann sandte sie ein Stück nach Konstantinopel, wo ihr Sohn, der große Konstantin, nun schon seit geraumer Zeit residierte – und schließlich erhielt auch Trier Reste des Kreuzes Christi. – Als aber im Jahre 1204 die Kreuzfahrer Konstantinopel eroberten, brachte einer der Kreuzfahrer, der Ritter Heinrich von Ulmen, ebenfalls eine große Kreuzreliquie aus Konstantinopel nach Trier – vermutlich jene Reliquie, die Helena einst von Jerusalem aus nach Konstantinopel verschenkt hatte. Diese wurde in der Abtei von

St. Matthias in ein kostbares Reliquiar gefaßt, auf dem die Umschrift zu lesen ist: „Es brachte das Holz des heiligen Kreuzes aus der Stadt Konstantinopel und schenkte diesen Teil des heiligen Kreuzes der Kirche des heiligen Eucharius im Jahre seit Christi Geburt 1207 Heinrich von Ulmen." – Bis heute wird diese Kreuzpartikel im Kloster von St. Matthias verehrt – und wenn Kranke aus St. Matthias von diesem Kreuz gesegnet werden wollen, dann trägt ein Mönch dieses heilige Kreuz Christi ans Krankenbett. Der Segen mit diesem Kreuz hat dann schon viele Kranke mit tiefem Trost erfüllt und ihnen zumindest innere Linderung und inneren Trost geschenkt.

Die heilige Helena erscheint im Brunnen zu Euren

Vor den Toren des alten Trier, im heutigen Euren, ließ einst Kaiser Konstantin einen wunderschönen Palast errichten, seiner Mutter Helena zuliebe. Der hohe Sohn wollte so seiner innig geliebten Mutter einen Ort der Erholung schenken, damit sie sich inmitten der herrlichen Wälder ganz gut erholen könnte. – In unmittelbarer Nähe dieses Ortes entsprang schon damals ein klarer Quell. – Viele Jahrhunderte später spielten an einem warmen Sommernachmittag Kinder an einem kleinen Bächlein, pflückten viele Blumen und streuten sie bald darauf in den klaren Quell. Als sie dabei in die dunkle Tiefe dieses Wassers sahen, da merkten sie zu ihrem größten Erstaunen, wie ganz unten in der Tiefe eine Jungfrau saß, angetan mit einem geblümten Rock, der dem Heiligen Rocke glich. Sie trug auf ihrem edlen Haupt eine Krone von blitzendem Gold und in ihrem Haare glitzerten Edelsteine. Sie winkte den fröhlichen und zugleich erstaunten Eurener Kindern zu, doch diese liefen eilig weg, um ihren Eltern von der wundersamen Erscheinung zu erzählen. Es dauerte nicht lange, da kamen auch diese zum Brunnen, schauten hinunter und konnten, wie die Kinder vorher, die schöne Jungfrau ganz tief unten sitzen sehen. Da wußten sie sogleich: Dies ist die Kaiserinmutter Helena, die einst hier in nächster Nähe wohnte und der Stadt sehr viel Gutes getan hatte. Aber nicht lange währte diese Erscheinung. Als Eltern und Kinder nichts mehr erblicken konnten, kehrten sie heim, denn die Dunkelheit brach bereits herein. Eines aber stand fest unter allen Menschen von Euren: An dieser Quelle mußte ein schöner Brunnen entstehen. Als dieser fertiggestellt war, leiteten die Eurener voll Stolz das Wasser des klaren Quells zum neuen Brunnen – allein, dieses wollte nicht so recht kommen und kehrte bergauf zur alten Stelle zurück. Dreimal versuchten es die Männer von Euren, und dreimal floß das Wasser zur alten Quelle zurück. – Da überkam alle Angst und Schrecken, und sie gingen zu ihrem Pfarrer. Sie klagten ihm ihr Leid. Er beruhigte sie und verordnete eine feierliche Prozession zu dem Brunnen. Dann sollte der Brunnen durch des Priesters Hand gesegnet und eingeweiht werden. – Sofort ward der Tag der Einweihung bestimmt. – Mit Kreuz und Fahne zogen Priester und Volk zur alten Quelle und dann zum neuen Brunnen. Dreimal umschritten sie Quelle und Brunnen. Dann besprengte der Priester den Brunnen mit geweihtem Wasser und beräucherte ihn mit duftendem Weihrauch. All dies geschah zu Ehren der heiligen Helena. – Dann versuchten die Eurener nochmals, den Quell zum geweihten Brunnen zu leiten – und siehe da: Das Wasser rann nicht mehr zurück, sondern sprudelte bereitwilligst in den Brunnen. – Die heilige Helena erklärte sich somit bereit, sich in Hinkunft ganz mit diesem Brunnen zu verbinden. Die Bevölkerung gab ihm auch den Namen: „Helenenbrunnen" – und jeder, der in der Nacht auf den 18. August, dem Fest der heiligen Helena, sich glaubend diesem Brunnen nähert und in die Tiefe schaut, vermag die schöne und fromme Gestalt der Kaiserinmutter zu erblicken.

Eucharius erweckt den Maternus zum Leben

Der heilige Petrus, der Apostelfürst, hatte eben drei seiner Schüler: Eucharius, Valerius und Maternus, nach Gallien entsandt, damit sie dort das Evangelium Christi verkündeten. – Vorerst ging alles gut. Die drei Missionare predigten, und viele Menschen bekehrten sich zu Christus. – Jedoch, nachdem sie die Alpen überquert hatten, befiel den Jüngsten unter ihnen, Maternus, eine schwere Krankheit, und es dauerte nicht lange, da starb er. Eucharius und Valerius waren über den Tod ihres Missionsgefährten sehr bestürzt und beratschlagten, was nun zu tun sei. – Da sagte auf einmal Eucharius zu Valerius: „Valerius, bleib du da und missioniere weiter, ich will nach Rom zurück, zum heiligen Petrus, vielleicht kann mir dieser einen guten Rat in dieser Situation geben.“ – Gesagt, getan. – Eucharius reiste nach Rom zurück und legte dem heiligen Petrus die ganze Lage dar. – Petrus überlegte nicht lange. Er ließ seinen Diener kommen und befahl diesem: „Hole sofort meinen Bischofsstab.“ Der kam sofort zurück, den Stab des heiligen Petrus in Händen. Dieser nahm nun den Stab, überreichte ihn dem Eucharius und sagte bestimmt: „Lege diesen Stab auf den toten Maternus, dann wird er leben!“ – Eucharius glaubte dem heiligen Petrus und reiste mit dem Stab über die Alpen zu Valerius, der das Grab des Maternus behütete. Nach beschwerlicher Reise endlich dort angekommen, berührte Eucharius mit dem Stabe die Leiche des Maternus, und dieser, der bereits 40 Tage im Grabe lag, wurde wieder zum Leben erweckt, so wie es Petrus vorausgesagt hatte. – Eucharius aber bewahrte den Stab Petri bei sich. Dieser erinnerte ihn an die wunderbare Auferweckung des Maternus, zugleich aber war ihm dieser Stab ein Beweis für seine unmittelbare Sendung durch den heiligen Petrus. Seit dieser Zeit trägt der Papst keinen Hirtenstab mehr, wie dies alle anderen Bischöfe tun. Ins trierische Land, ins zweite Rom, hatte Petrus seinen Stab kommen lassen. Hier sollte er auch bleiben – und nur wenn der Papst einmal nach Trier kommen sollte, darf er diesen seinen Stab wieder für kurze Zeit tragen.

Eucharius, Valerius und Maternus wirken große Wunder

Man schrieb das Jahr 50 nach Christi Geburt. – Auf dem Marktplatz von Trier hatte sich eine große Menge Volkes versammelt. Ein seltsamer Mann war da am Predigen, und er wagte es zu all seinen seltsamen Worten noch dazu, die Götter zu verspotten und zu behaupten, daß es nur einen Gott gebe, der seinen Sohn Jesus Christus auf die Welt sandte, damit die Menschen erlöst würden. Schon wollten einige Männer nach vorne stürmen, den Bischof Eucharius vom Rednerpult reißen und ihn steinigen, da geschah ein schreckliches Wunder: Den Männern erlahmten die Glieder. – Starr vor Angst blickten alle wie gebannt auf den Prediger. Dieser aber flehte vor aller Augen zu Gott, er möge den Gelähmten wieder die gesunden Glieder schenken. Kaum hatte er die Gebete emporgesandt, da konnten diese wieder gehen und sich ganz normal bewegen. – Darüber war das anwesende Volk so ergriffen, daß es Eucharius um die Taufe bat. Darunter war auch die Senatorswitwe Albana. Nach der Taufe bat sie den heiligen Bischof, in ihr Haus zu kommen und ihren eben gestorbenen Sohn von den Toten zu erwecken. – Eucharius ging in das Haus der Witwe Albana und erweckte ihren Sohn zum Leben, wie einst Jesus den toten Jüngling von Naim auferweckt hatte. – Kaum war der Sohn zum Leben erwacht, da pries er schon den ihm noch unbekannten Gott der Christen. Kurz darauf ließ er sich mit seiner Mutter Albana taufen, denn diese hatte, als das Volk auf dem Marktplatz getauft worden war, die Taufe noch nicht empfangen. Aus Dankbarkeit für dieses Wunder schenkte die Witwe dem Eucharius ihr Landhaus, das südlich vor den Toren der Kaiserstadt gelegen war. Hier entstand nun der erste Versammlungsort der Christen Triers, hier feierte der heilige Bischof zum erstenmal das heilige Meßopfer, hier unterrichtete, taufte und firmte er die Katechumenen, hier weihte er seine beiden Mitmissionare Valerius und Maternus zu Priestern und sandte sie von da aus als Glaubensboten in die Umgebung der Stadt. – Immer mehr Menschen kamen zur Taufe. Das Landhaus der Albana wurde zu klein, und so begann Eucharius, an einem Bach südöstlich der Stadt zu taufen. Das viele Öl, das bei der Spendung dieses Sakramentes verwendet wurde, verbreitete sich über den ganzen Bach, so daß sich alsbald der Name „olei via", das heißt „Oelweg", im Volke bildete. Später entwickelte sich daraus der Name „Olewig". – Nachdem Eucharius 23 Jahre die Kirche von Trier geführt hatte, erschien ihm nachts ein Engel und sprach: „Eucharius, bestelle dein Haus, denn du mußt sterben." – Am Morgen versammelte der Bischof voll Ergebenheit in Gottes Willen seine Getreuen um sich, teilte ihnen seinen bevorstehenden Tod mit, bestellte Valerius zum Nachfolger und ließ sich von ihm das Sakrament der Krankensalbung geben. Kurz darauf entschlief er sanft im Herrn. Er fand seine letzte Ruhestätte auf dem Friedhof der Albana, neben dem Gotteshaus, das dann den Namen „Euchariuskirche" erhielt. – Valerius war 15 Jahre lang Bischof von Trier, die Zahl der Christen wuchs ständig, die der Heiden sank immer mehr. – Kurz vor seinem Tode ernannte er Maternus zum Nachfolger. Auch unter ihm verbreitete sich das Christentum immer mehr im Trierer Lande. In seinen letzten Jahren zog er jedoch nach Köln. Er wollte dort seinen Bischofssitz aufschlagen, weil diese Stadt weit günstiger gelegen war als Trier. Dort starb er dann auch in sehr hohem Alter. – Als die Christen in Trier vom Hinscheiden des Maternus Nachricht erhalten hatten, wurden sie mit großer Trauer erfüllt und schickten eine Gesandtschaft nach Köln, den Leichnam des Heiligen nach Trier zu bringen. Aber die Kölner weigerten sich, den Leichnam des Maternus herauszugeben. Man beendete den Streit in der Weise, daß die Leute aus Trier und aus Köln den Entscheid nach der letzten Ruhestätte des Maternus Gott selbst überlassen wollten. Sie brachten also den Leichnam auf ein Schiff und ließen es ohne Ruder und ohne Steuer treiben. – Zu aller Erstaunen trieb nun das Schiff rhein- und moselaufwärts, bis es in Trier eintraf. Da begannen alle Glocken der Stadt von selbst zu läuten, und das Schiff stand still. Die Trierer brachten den toten Maternus in ihre Stadt, verehrten ihn drei Tage lang und bestatteten ihn dann in der Maternuskapelle neben St. Eucharius. – Das Andenken dieser drei Bischöfe ist erhalten durch ihre drei Statuen über dem Eingang des Friedhofs von St. Matthias. Ehemals standen sie über dem Klosterportal an der Stelle eines von Eucharius gestürzten, sehr schönen Marmorgöttinnenbildes, das man in Ketten auf dem Friedhof aufhing und später in den Brunnen des Klostergartens stürzte. Dort bewarfen es die Kinder mit Steinen und zerstörten es fast bis zur Unkenntlichkeit. Dieses Bild trug die Inschrift: „Wollt ihr wissen, was ich bin – ich bin gewesen eine Abgöttin. Da St. Eucharius nach Trier kam, er mich zerbrach, mein Ehr abnahm: Ich war geehret als ein Gott. Jetzt steh ich hier der Welt zum Spott. Im Jahre 50 nach Christi Geburt sind diese drei heiligen Bischöfe von Rom nach Trier gekommen, Eucharius, Valerius, Maternus."

„In diesem Zeichen wirst du siegen“

Der Kaiser Konstantin der Große rüstete zum Kampf gegen Maxentius. Er selbst war von seiner Burg in Neumagen gekommen, um die ersten Legionen, die zwischen Heidenburg und Thalfang auf dem Hunsrück gelegen waren, über die Moselstraße nach Trier und von da nach dem Süden zu führen. – Als Konstantin mit seinen Soldaten auf der „Kron“, der höchsten Spitze des Leyenberges oberhalb Neumagens angekommen war, erschien plötzlich am Himmel ein Kreuz, das sich in den Wolken, hoch über der Sonne, erhob. In ihm war die Inschrift zu lesen: „In diesem Zeichen wirst du siegen.“ – Das Heer stand ob dieses Flammenzeichens am Firmament sofort still. Der Kaiser selbst versuchte, sich diese Erscheinung ganz tief einzuprägen. Aber leider war niemand da, der ihm dies alles hätte deuten können. Nun setzte sich das Heer wieder in Bewegung, der Abend senkte sich über das weite Land, müde von all den vielen Eindrücken und noch immer beunruhigt über die nicht entzifferte Erscheinung versuchte der Kaiser, den Schlaf zu gewinnen. Endlich konnte er einschlafen, und kaum war dies geschehen, da erblickte er im Traume Jesus mit einem Kreuz in Händen, ähnlich dem, das er am Tage zuvor geschaut hatte. Kaum hatte er dies alles wahrgenommen, da sprach der Erlöser zu ihm: „Laß dir dieses Kreuz als Labarum gestalten und hefte es an die Spitze deiner Standarte! In diesem meinem Kreuz ist die Kraft, durch die du über alle Feinde siegen wirst." – Sogleich verschwand die Erscheinung. Konstantin erwachte, ließ noch in der Nacht seine Vertrauten zu sich kommen und verkündete ihnen den Inhalt des Traumbildes. Zuinnerst aufgewühlt brach er schon am frühen Morgen nach Trier auf und ließ, dort angekommen, die tüchtigsten Goldschmiede der Stadt zu sich rufen. Er überreichte ihnen eine Zeichnung, die er von der Kreuzeserscheinung gemacht hatte und befahl ihnen, nach diesem Entwurf ein Kreuz anzufertigen. Es zeigte eine Lanze, die oben eine goldene, mit Edelsteinen besetzte Krone hatte und darunter das Monogramm Jesu Christi. An den Armen des Kreuzes spielte die Fahne von Purpur, mit Gold und Edelsteinen künstlerisch gefaßt. Unterhalb des Kreuzes konnte man die Brustbilder des Kaisers und seiner Söhne auf der Lanze eingegraben wahrnehmen. – Die Goldschmiede aus Trier erfüllten den Auftrag zu des Kaisers vollster Zufriedenheit. Er zog nun damit in den Krieg, und die Verheißung des Sieges ging tatsächlich in Erfüllung. Konstantin schlug unter dem Zeichen des Kreuzes den Maxentius. Dieser Sieg ward zugleich ein Sieg des Christentums über das Heidentum. – Von Geschlecht zu Geschlecht jedoch ging die Erzählung von jener Erscheinung des Kreuzes vor Konstantin an den Ufern der Mosel.

Der heilige Nagel des Domes zu Trier

Die heilige Helena fand auch die Nägel, mit denen unser Erlöser ans Kreuz geheftet war. – Aus dem ersten Nagel ließ sie ein Pferdegebiß machen, damit die Weissagung des Propheten in Erfüllung gehe: „An diesem Tage wird stehen auf den Zäumen der Pferde: Heilig dem Herrn!“ – Den zweiten Nagel ließ sie ins Diadem des Kaisers einsetzen, damit dieser gegen alle Gefahren der Feinde geschützt sei. – Den dritten Nagel schickte sie durch Agritius, einen Antiochener, den sie sich von ihrem kaiserlichen Sohn als Bischof von Trier erbeten hatte, nach der Mosel- und Kaiserstadt. – Trier wurde von vielen Bistümern wegen dieses heiligen Schatzes beneidet. Vor allem Köln war es, das durch seinen frommen und energischen Bischof Bruno das besondere Augenmerk auf diesen Nagel geworfen hatte. So ließ sich der berühmte Kölner Hirte dazu verleiten, den Küster des Domes von Trier mit viel Geld zu bestechen, den heiligen Nagel, in weichem Linnen verpackt, an ihn, Bruno, auszuliefern. – Als aber der Küster bangen Herzens den Nagel ins Linnen gepackt hatte, da begann dicse Reliquie auf einmal zu bluten. Das Blut sickerte durch die Umhüllung, und der Dieb brachte schleunigst den heiligen Nagel in den Dom zurück. – So blieb das heilige Kleinod in Trier, und Erzbischof Egbert ließ dafür eine ganz kostbare Umhüllung aus Gold, Edelsteinen und Email fertigen. – Aber die förmliche Gier mancher Bischöfe nach diesem Nagel Christi hörte nicht auf. – So geschah es, daß ein Bischof von Metz während der Abwesenheit von Bischof Poppo im Orient versuchte, wie einst Bruno aus Köln, die Reliquie in seinen Besitz zu bringen. Aber wiederum begann der Nagel zu bluten. Die Gewänder der Priester, die dem Metzer Bischof den Nagel bringen sollten, wurden vom Blute, das vom Nagel herabrann, befleckt – ja, das Blut tropfte sogar auf die Erde. – Da blieb dem Metzer Oberhirten nichts mehr anderes übrig, als sein Vergehen zu bekennen, um Verzeihung zu bitten und zu warten, bis ihm Vergebung zuteil wurde. Dies geschah auch sofort. – Allerdings: Zwei Jahre nach Poppos Tod gelang es einem Papst, Leo IX., einen ganz kleinen Teil des Nagels zu erhalten. So verschenkte dieser Papst die untere Spitze des Nagels an seine geliebte Stadt Toul, in der er einmal Bischof gewesen war.

Der Domstein in Trier

Lange war die heilige Kaiserin Helena auf Pilgerschaft in Jerusalem und im Heiligen Land gewesen. Aber Gott ließ sie das heilige Kreuz Christi, die Nägel des Gekreuzigten, den Heiligen Rock nach kurzer Zeit bereits finden. Dennoch verweilte die Heilige noch längere Zeit an den Stätten von Jesu Leben. Eines Tages entschloß sie sich doch, nach Trier zurückzukehren. Dort angekommen, vermachte sie sofort ihren Palast der Kirche und dem Bischof von Trier, damit daraus eine große Kirche entstehe. Der tüchtigste Baumeister von Trier wurde mit dem Umbau des Palastes in den Dom beauftragt. Die heilige Helena verfolgte den Fortgang des Baues mit dem größten Interesse, und so schien alles gut voranzuschreiten. Nur die Herbeischaffung der vier schweren Syenitsäulen für die Vierung des Gotteshauses wollte nicht gelingen. In der Tat: Nirgends gab es sonst diese herrlichen, 18 Meter hohen Säulen als in den Steinbrüchen des Felsberges im Odenwald. – Aber, wer konnte denn diese 650 Zentner schweren Säulen unbeschädigt nach Trier bringen? Für jeden dieser Kolosse benötigte man schon auf ebener Erde ein 16pferdiges Gespann, und die Wege vom Odenwald nach Trier führten über Berge und Täler. – Da kam urplötzlich unerwartete und zugleich unheimliche Hilfe. – Als nämlich eines Abends der Baumeister so vor dem Dom stand und über die Herbeischaffung der Säulen nachgrübelte, da trat auf einmal eine kleine, häßliche Gestalt vor ihn hin und sagte mit krächzender Stimme: „Ich will euch helfen, das Werk zu Ende zu führen, aber ihr müßt mir vorerst sagen, wozu es dienen soll.“ – Der Baumeister sah sich den kleinen Kerl an, und plötzlich kam es ihm zum Bewußtsein: Dies ist ja der Teufel. Bestärkt wurde er in dieser Meinung noch durch die Tatsache, daß bei einer ganz unscheinbaren Bewegung des Kleinen für den Bruchteil von Sekunden ein Pferdefuß zutage trat. – Schon wollte er durch ein Kreuzzeichen den Teufel in die Flucht schlagen, da durchzuckte ihn der Gedanke: wie wär's, wenn es gelänge, den Teufel selbst in die Übertragung der Säulen vom Odenwald nach Trier einzuspannen und ihn kräftig zu belügen mit dem Hinweis: Hier entstünde das größte Wirtshaus der Stadt? – Gedacht – und auch schon getan: Der Baumeister schaute dem Teufel frech ins Gesicht und bekannte, ohne rot zu werden: „Ei, sind Sie denn der einzige Fremdling in Trier, der nicht weiß, was hier geschieht! Das wird das größte Wirtshaus der Stadt, in dem Bacchus seine Feste feiern und das Geld auf den Spieltischen rollen wird.“ – Da frohlockte der Teufel in seinem Innern und schloß mit dem Baumeister einen Vertrag. In diesem verpflichtete er sich, die vier Syenitsäulen aus dem Odenwald binnen vier Wochen unbeschädigt herbeizuschaffen und aufzustellen. Nur eines mußte ihm gewährt werden: Einladung zur Eröffnungsfeierlichkeit und dann weiterhin freien, ungehinderten Zutritt zu diesem Wirtshaus. – Nach acht Tagen stand die erste der Marmorsäulen bereits in der Vierung. Niemand wußte, wie sie hingekommen war. Nur der Baumeister konnte dies erklären, sagte aber niemandem ein Sterbenswörtchen – außer dem damaligen Bischof Agritius, mit dem er deshalb eine lange

Unterredung hatte. – Pünktlich auf den Tag und die Stunde stand vierzehn Tage später die zweite Säule da. Und als drei Wochen vorüber waren, war auch schon die dritte da. Alle, die dies sahen, staunten und waren froh, daß eigentlich bereits diese drei Säulen die ganze Vierung tragen konnten. – Daraufhin begab sich der Baumeister zum Bischof und beide vereinbarten den Eröffnungstag. Als Stunde wurde eine Zeit festgesetzt, da der Teufel mit der vierten Säule noch nicht dasein konnte. – So kam der festliche Augenblick, daß Agritius mit Klerus und Volk in den neuen Dom einzog, obwohl die Vierung nur auf drei Säulen ruhte. Kaum waren die Tore geschlossen und das erste feierliche Kreuzzeichen über Kirche und Gläubige gemacht, da kam der Teufel vom Odenwald angebraust, die vierte Säule in Händen. Schon von ferne hörte er die Domglocken läuten und das Orgelspiel erklingen. Er ahnte nichts Gutes. So schaute er verstohlen durch eines der Kirchenfenster hinein und erblickte den bereits begonnenen Gottesdienst. Voll Wut merkte er, daß er vom Baumeister betrogen worden war. Das Kreuzeszeichen, das der Bischof bereits gemacht hatte, und die Prozession, die eben sich durch das Kircheninnere bewegte, nahmen aber dem Teufel alle Macht. Dazu kam noch, daß der Bischof während dieser Prozession die Monstranz mit dem heiligsten Gute trug und damit alles Volk segnete. – Da faßte der Teufel einen Entschluß: Er wollte seine ganze Kraft zusammennehmen, um die vierte Säule durch das Dach des Domes ins Innere des Gotteshauses zu werfen. Da würde sie dann sicher viele Menschen erschlagen. So erhob er sich nochmals in die Lüfte, kreiste einige Male über dem Dom – zielte, und warf doch in seinem Zorn daneben. Die Säule fiel mit einem fürchterlichen Donnerschlag vor dem Dom nieder und barst in zwei Stücke. Diese sind heute noch vor dem Dom zu sehen und führen den Namen „Der Domstein“.

Wie das Kloster von St. Matthias entstand

Als der heilige Apostel Matthias noch auf Erden weilte und weite Missionsreisen unternahm, kam er auch eines Tages in den Saargau. – Zunächst glaubte der Heilige, hier auf guten Missionsboden gestoßen zu sein. Allein, sehr bald merkte er, daß die Bauern zwar die Lehre willig annahmen, aber, kaum war er fort, da fielen sie sofort wieder in ihr altes Heidentum zurück. – Matthias hatte also doppelte Arbeit zu tun: Er mußte Menschen für Christus gewinnen und zugleich mußte er auch ständig zu den Gewonnenen zurückkehren, um sie vor dem Rückfall zu bewahren bzw. sie wieder davon zu befreien. Die damit verbundenen ständigen Enttäuschungen rieben ihn derart auf, daß er beschloß, sich etwas in die Einsamkeit zurückzuziehen, um neue Kraft zu schöpfen. Nach kurzer Zeit jedoch merkte er, daß das Klima des Saargaues für eine solche Erholung viel zu rauh war und so machte er sich auf den Weg in das mildere Trier. Er schleppte sich förmlich bis an die Saar bei Mettlach und wartete, ob ihn nicht vielleicht doch ein Schiffer nach Trier bringen könnte. Aber keiner kam, denn alle, die dort lebten, waren noch Heiden. – Da, endlich, nach unzähligen Stunden erbarmte sich ein alter Schiffer des Apostels und schenkte ihm aus Mitleid eine große Bütte, die ihn saarabwärts tragen konnte. Matthias faßte Vertrauen zu Gottes Führung, bestieg das Fahrzeug, stieß vom Ufer ab und ließ es ohne Ruder treiben. Bald neigte sich der Tag dem Abend zu, es wurde langsam dunkel und der Apostel begann sich ein wenig zu fürchten. Wenn er am Ufer ein Licht erblickte, dann rief er laut: „Hol über! Hol über!“ – aber niemand kam und erbarmte sich seiner. So trieb das Schiff schließlich von der Saar in die Mosel. Am frühen Morgen passierte Matthias Trier und da traf es sich, daß die Medarder Frauen am Ufer der Mosel ihre Wäsche zum Trocknen ausspannten. Der Apostel rief wieder. Da sprangen einige Frauen in die Mosel, fischten die Bütte auf und zogen den völlig durchnäßten Glaubensboten an Land. Sie schenkten ihm trockene Überkleider und bereiteten ihm etwas zu essen. Matthias sagte den Frauen, die ihn an Land gezogen hatten, ein herzliches „Vergelts Gott“ – und baute an der Stelle, wo die Frauen ihn retteten, das berühmte Kloster, das später nach ihm benannt werden sollte.

Wie der Leib des Apostels Matthias nach Trier kam und wie er dort verborgen wurde

Im Jahre der Fleischwerdung des Wortes Gottes 312 sandte die Kaiserin Helena mit Segen und Gutheißung des Papstes Silvester durch Agritius, den Patriarchen von Antiochien, zusammen mit anderen Reliquien auch den Leib des Apostels Matthias nach Trier. Als jedoch das Schiff mit den kostbaren Reliquien bei Besançon im Doubs Schiffbruch erlitt, lag der Schrein längere Zeit im Wasser. Endlich konnte er mit viel Mühe gehoben werden, und da Männer aus Besançon bei dieser Aktion halfen, erhielt auch diese Stadt einen Teil der Reliquien. – Der Leib des Apostels jedoch gelangte unversehrt nach Trier. Nach wenigen Jahren der Verehrung durch das gläubige Volk entschloß man sich wegen der zunehmenden Bedrohung durch Heiden und Arianer, Matthias neben den Gräbern von Eucharius, Valerius und Maternus zu bestatten. – In den nachfolgenden Zeiten fielen fünfmal die Barbaren in der Stadt ein, so daß das Grab des Apostels vollkommen in Vergessenheit geriet. – Nach ungefähr 700 Jahren, als Erzbischof Eberhard die Trierische Kirche leitete, wandte sich der damalige Kaiser Heinrich III., der Sohn Konrads II., an den Erzbischof mit der Bitte um Reliquien des Apostels Matthias und des heiligen Bischofs Valerius für die Altarweihe des Domes zu Goslar. – Der Bischof geriet in große Verlegenheit und mußte dem Kaiser berichten, er wisse nichts von Apostelreliquien in Trier. – Kurz darauf machte Eberhard einen Besuch in Rom und durch Zufall stieß er auf ein Buch, in dem aufgezeichnet war, wo die einzelnen Apostel gewirkt hatten und wo sie bestattet worden waren. Über Matthias konnte er lesen, daß die heilige Helena seinen Leib hatte nach Trier bringen lassen. Er sei dann bei den ersten heiligen Bischöfen Triers, Eucharius, Valerius und Maternus, bestattet worden. – Eberhard erzählte diese Nachricht voll Freude seinen Vertrauten. Allein, einige von ihnen erwiesen sich dieses Vertrauens als unwürdig und berichteten dem Kaiser von dieser Entdeckung. Sofort wandte sich dieser nochmals an Eberhard und bat ihn, nun jetzt seiner Bitte nach Matthias und Valerius nachzukommen, ansonsten würde er ihm sein Wohlwollen entziehen. Als Gegengabe versprach er dem Kloster von St. Matthias reichlich Ersatz an Gütern. – So rief denn der Trierer Bischof seine Suffraganbischöfe Adalbero den Heiligen von Metz, Theoderich den Großen von Verdun und die anderen ihm Unterstehenden und, höchst unerfreut, gestattete er, daß Matthias ausgegraben werde. – Bei der Öffnung des Grabes entströmte diesem ein so angenehmer Wohlgeruch, daß alle von Staunen und Furcht ergriffen wurden. Darauf beschlossen sie, der Leib des Apostels dürfe unter gar keinen Umständen nach Goslar übertragen werden, vielmehr sei das Grab sofort zu schließen. Als aber Theoderich von Verdun trotzdem versuchte, eine kleine Reliquie des Heiligen an sich zu nehmen, fiel die Grabplatte zu, so daß ein Zipfel seines Chormantels darinblieb, den man dann abschneiden mußte. – Ein anderer ehrwürdiger Priester jedoch, der die Gebeine des Matthias umbettete, erfuhr während seines ganzen Lebens folgendes seltsame Wunder an sich: Wenn irgendwo in seiner Gegenwart von den Reliquien des Matthias gesprochen wurde, tropfte von den Fingern seiner rechten Hand in wunderbarer Weise Öl herab, denn diese waren einst mit den Gebeinen des Heiligen in Berührung gekommen und so geheiligt worden. Schließlich aber verfügten die anwesenden Bischöfe und Kleriker nach langer Beratung, daß Matthias nicht mehr in der Erde, sondern in einem Altar bestattet werden sollte, damit die Gläubigen ihn so besser verehren könnten. Auch wären die Gebeine im Altar gegen frevlerischen Zugriff gesicherter als in der Erde. Dies alles geschah, damit die Stadt Trier nicht des apostolischen Schutzes verlustig ginge. – Aber auch diese Grabesstätte wurde wiederum vergessen.

Die Auffindung der Matthiasreliquien beim Abbrechen des Mutter-Gottes-Altares

Einst lebte im Kloster von St. Matthias ein sehr frommer Mann. Als er schon hochbetagt war, hatte er eines Nachts diesen Traum: Er sah, wie mitten aus dem Gotteshaus ein leuchtender Stern aufstieg, der mit seinem wundervollen Glanze die Stadt und das ganze Land überstrahlte. Darauf erblickte er aus der Mitte des Altares der heiligen Gottesmutter eine sehr klare Quelle entspringen, die das ganze Land benetzte. – Ein anderer Mann hatte die Gewohnheit, in der Nacht die Gräber der Heiligen zu besuchen, besonders häufig jedoch die Kirche des heiligen Eucharius. Wiederum war er nachts ins Innere dieser Kirche getreten und betete vor dem Altar der Gottesmutter. Dabei schlief er ein. Da sah er in der Mitte des Altares den heiligen Matthias liegen, so als ob er schliefe. Er war bekleidet mit einem goldbestickten Vespermantel, unter ihm entsprang ein klarer Quell, zu dem sehr viele Menschen strömten, um daraus zu trinken oder sich darin zu waschen. Jeder, der krank war, wurde dabei geheilt. Als er dies alles staunend sah, stand er auf und ging auch hin zum Quell. Da wandte sich Matthias ihm zu und fragte ihn: „Was begehrst du?" Er antwortete: „Weil ich sehe, daß alle Kranken, die zu dir kommen und von diesem Quell trinken oder sich darin waschen, gesund werden, deshalb komme auch ich, um Heil und Gesundheit zu erlangen. Ich komme um so lieber, als ich dich, o Herr, hier liegen sehe." – Der Apostel entgegnete: „Du handelst gut und weise, mich oft hier zu besuchen und zu beten, denn ich sage dir: Wer hierher kommt und in wahrer Reue über seine Sünden, in Ehrfurcht und andächtigem Glauben Gott den Herrn durch die Heiligen, die hier ruhen, bitten wird, den wird Gott erhören. Hier liegen nämlich die Leichname vieler Heiligen Gottes verborgen und unter diesen bin auch ich." – Kaum hatte der Mann dies gehört, eilte er von dannen und erzählte überall davon. – Nach ungefähr 80 Jahren ließ der Abt des Klosters Eberhard die alte Kirche niederreißen und eine neue errichten. Es war eigentlich kein Grund zu nennen, warum er dies tat, denn die alte Kirche war noch sehr gut erhalten. Offenkundig gab ihm Gott selbst aus einem ganz bestimmten Grunde diesen Entschluß ein. Und siehe da: Als Arbeiter den Altar der Gottesmutter abzureißen begannen, da entdeckten sie darin den größten Teil der Reliquien des Apostels Matthias. Die Richtigkeit ihrer Entdeckung wurde noch bestätigt durch eine Grabplatte mit der Aufschrift: „St. Matthias Apostolus". – Es dauerte nicht lange, da strömten unzählige Pilger in die Kirche, um den in einem großen Holzsarg provisorisch bestatteten Leichnam des heiligen Matthias zu verehren. Dabei wurden viele Kranke geheilt. Überall erscholl der Ruf: „Gepriesen sei der Herr Gott Israels. Er hat Sein Volk aufgesucht und es erlöst." – Diese Auffindung geschah im Jahre der Fleischwerdung des Herrn 1127, in der 5. Indiktion, unter der milden Regierung des Verehrers Gottes Lothars von Sachsen, unter dem Erzbischof Meginher, am 1. September in der 1. Stunde des Tages, zum Lobe und zur Ehre Christi.

Wie der Sohn des Müllers Lambert von Trier durch St. Matthias errettet wurde

Zu der Zeit, da der Leichnam des Apostels Matthias in der ehrwürdigen Basilika von St. Eucharius gefunden worden war, ruderte der Müller Lambert mit seinem Söhnchen Werner eines Tages zu seiner Mühle, die unterhalb der Basilika gelegen war. Nachdem er angelegt hatte, stieg er aus und ließ Werner für einen Augenblick im Boot zurück. Das Kind lief im Boote hin und her, bis es schließlich ins Wasser fiel. Der Strom erfaßte Werner und trieb ihn ab bis zur Kapelle des heiligen Remigius, die am Ufer stand. – Der Vater wurde in der Mühle urplötzlich von großer Angst erfüllt und lief zum Nachen. Aber sein Sohn war nicht mehr darin. Er lief in die Mühle zurück und suchte, aber Werner war nicht da. In großer Verzweiflung eilte er nochmals zum Ufer des Flusses und dachte schon daran, sich in seiner Verzweiflung in die Fluten zu stürzen. Einstweilen hatten sich Menschen am Ufer versammelt und beschworen den armen Mann, solches nicht zu tun, denn dies würde seiner Seele für immer schaden. Vielmehr wäre es in dieser Lage gut und sinnvoll, den heiligen Apostel Matthias anzurufen. Der Vater ließ sich überreden und rief mit all seinen Kräften Matthias an. Dann setzte er sich ins Boot und fuhr flußabwärts, Strom und Ufer genau beobachtend. Die Leute am Ufer – es waren einstweilen ihrer 200 – begleiteten ihn und riefen mit ihm Matthias an. Auf einmal, als sie in die unmittelbare Nähe der Remigiuskapelle gekommen waren, bemerkten alle, wie der Stock, mit dem der Knabe sonst spielte, auf der Wasseroberflache so dahinschwamm. Der Vater griff nach diesem Stock und im selben Augenblick wurde er gewahr, daß sich sein Sohn daran als Ertrunkener festhielt. Von großem Leid erfüllt, hob er das Kind aus dem Wasser und trug es in das Haus eines gewissen Otto, wo es aufgebahrt wurde. Wiederum erhoben sich die Gebete aller inständig zu St. Matthias, er möge doch durch seine Fürsprache bewirken, daß der Knabe wieder zum Leben komme. Gott wollte auf dieses Gebet hin nun zeigen, in welchen Gnaden sein heiliger Apostel wohl stehen würde und erweckte Werner wieder zum Leben. Der Vater aber ließ ihn in die Klosterfamilie des heiligen Matthias aufnehmen, wo er Zeit seines Lebens als frommer Mönch Gott und den Menschen diente.

Von der Bestrafung eines Menschen, der nicht an die Wunder des heiligen Matthias glauben wollte

Immer mehr Wunder geschahen zu Trier am Grabe des heiligen Matthias. Bei vielen Ungläubigen entstand darob heimlicher und auch öffentlicher Neid. Es kam auch vor, daß der böse Feind in Menschen fuhr und sie laut verkünden ließ: Die Berichte von Wundern am Grabe des Apostels seien Lüge und Mönche hätten sie erfunden, um auf diese Weise möglichst viele Gaben von Pilgern zu erhalten und Geld zu verdienen. – So verließ eines Tages eine Schar von Pilgern St. Matthias. Als sie vor die Mauern der Stadt gelangt waren, kamen ihnen andere Wallfahrer entgegen, die das Apostelgrab besuchen und verehren wollten. Als sie sich trafen, fragten sie die Heimkehrenden, ob es denn wirklich wahr sei, daß hier so viele Wunder geschähen. Da antwortete einer, in den der Lügengeist gefahren war, frech und laut: „Dies ist alles Lug und Trug, eine Erfindung der Mönche und Priester, die man nicht ernst nehmen darf. Diese Erzählungen entbehren jeder Wahrheit, es sei denn, daß hier die unersättliche Habgier der Mönche offenbar ist. Unter dem Scheine falscher Heiligkeit betrügen sie die Seelen einfacher Menschen. Immer wieder versuchen sie, dem einfachen, gläubigen Volk Götzen vorzusetzen, einmal den heiligen Martin, dann wiederum den heiligen Nikolaus – nur um schnöden Gewinnes wegen! Aber das genügt noch nicht. Schon schmieden sie eine neue Fessel, Matthias genannt, auf daß sie unseren altererbten Besitz an sich reißen." – Diese und ähnliche Schmähungen stieß dieser Pilger aus und schon begannen einige aus den neu Angekommenen zu zweifeln und wollten umkehren. – Da versuchten die Frau und der Sohn des Lästerers, ihn von seinen Schmähreden abzubringen. Sie redeten ihm zu und sagten: „Laß ab von deinen üblen Reden, niemand kann in das Herz eines anderen schauen und dessen Gedanken im Eigentlichen beurteilen. Wer bewußt betrügt, erleidet einen noch größeren Schaden als der Betrogene und eine solche Sünde läßt Gott sicher nicht ungestraft." – Aber alles Reden half absolut nichts. Im Gegenteil: Je mehr sie ihm widersprachen, um so rasender wurde er. Schließlich zerriß er sein Gewand, sprang auf sein Pferd und stürmte mit entsetzlichem Rufen davon. Zwei Tage lang suchte man ihn in Einöden, Bergen und Tälern. Am dritten Tag endlich fanden Menschen sein Pferd im Morast, ihn selbst aber fand niemand mehr. – Da gingen viele Menschen in sich und nahmen sich fest vor, nie und nimmer über die Wallfahrt zum heiligen Matthias in Trier zu nörgeln oder gar Lügen zu verbreiten. Sie versprachen, an alle Wunder zu glauben, die dort geschahen und sich ihrer aus lauterem Herzen zu freuen als Gabe Gottes an die Menschen, die zu den Heiligen flehen.

Der gelähmte Bezelin wird durch Anrufung des heiligen Matthias geheilt

Ein Mann aus Hersdorf, Kreis Prüm, der den Namen Bezelin trug, war seit vielen Jahren durch Gelähmtsein und Armut arg heimgesucht. Als er von der Auffindung der Gebeine des heiligen Matthias in Trier und von den vielen Wundern an seinem Grabe gehört hatte, entschloß er sich zu einer Wallfahrt nach Trier. Auch viele andere Menschen hatten ihm dazu geraten. Nun machte er sich mit zwei Krücken auf den Weg nach St. Matthias. Er war während dieser Reise nicht allein. Mancher begleitete ihn unter Gebet und Tränen. Nach drei Wochen erreichten sie endlich Trier. Sofort begann der Gelähmte am Grabe des Apostels zu beten, allein die vielen herumstehenden und herumgehenden Pilger, die neugierig und zugleich mitleidig auf ihn blickten, störten ihn sehr. – Als jedoch die Mönche sich zum Gebet im Chor versammelt hatten und Ruhe in der Basilika war, da trat Bezelin nochmals an den Sarkophag, und nachdem er eine volle Stunde gebetet hatte, legte er seine Krücken auf das Apostelgrab und stellte sich frei auf seine Füße. Darauf umschritt er das Grab einige Male, indem er sich auf diese stützte. Unter Tränen zur Ehre Gottes und seines verehrten Apostels bezeugte er vor den Mönchen, daß er seit einem Jahr nicht mehr ohne Krücken habe gehen können. Doch die Mönche glaubten dem Armen seine Bezeugung nicht. Schließlich aber kamen Männer aus seinem Heimatdorf und bekannten die Wahrhaftigkeit der Aussagen des einst Gelähmten und nun Geheilten. – Nun setzte überall großes Erstaunen ein. – Wegen seiner Armut wurde er noch drei Tage im Pilgerheim des Klosters umsonst untergebracht und gepflegt. Nach Herstellung aller seiner Kräfte kehrte er in seine Heimat zurück, Gott und den heiligen Apostel Matthias aus ganzem Herzen lobend.

Wie ein Stummer von St. Matthias Verzeihung und Sprache wiedererlangte

Nach alter keltischer Sitte strömte jedes Jahr am Vorabend des Festes der Apostelfürsten Petrus und Paulus eine große Menge Volkes in Trier zusammen. Dabei erschollen überall Lobgesänge und Lieder zu Ehren des Apostels Matthias. – In einem Jahr jedoch wurde diese Wallfahrt empfindlich gestört. Ein jugendlicher Pilger fing nämlich plötzlich an, alle Worte der anderen Pilger nachzusagen und nachzusingen. Offenkundig hatte ihn Spottlust und Eitelkeit erfaßt. Einige Stunden lang trieb er es so, und die gläubige Menge verlor beinahe jede Andacht. Da – wie ein Blitz aus heiterem Himmel versagte ihm die Sprache, und er konnte nur noch stöhnen und schreckliche, unverständliche Töne von sich geben. Allen Anwesenden war es klar: Gott hatte diese Strafe geschickt, und nur Gott konnte diese Strafe wegnehmen und dem jungen Mann die Sprache wieder schenken. – Zugleich befiel viele aus der Menge eine geheime Furcht, sie könnten ob ihrer Sünden auch so von Gott gezüchtigt werden. Nun überlegten die Wallfahrer, wie sie den armen Jungen aus seiner Not befreien könnten. Da kamen sie auf den Gedanken, ihn zu allen Heiligengräbern der Stadt Trier zu führen, um ihn ihrem Schutz und ihrer Fürbitte anzuvertrauen. Auch an die Priester und Mönche wurde die ganze Angelegenheit herangetragen und die Bitte ausgesprochen, sie möchten doch für den Stummen beten. – Nach vielen Ermahnungen rieten einige, der Stumme solle sich doch direkt an den Heiligen wenden, den er durch seinen Spott beleidigt habe, an den Apostel Matthias. Ihm, Matthias, solle er seine Schuld bekennen, seine Barmherzigkeit anrufen und fernerhin Besserung geloben. Endlich kamen einige auf den Gedanken, den jungen Mann direkt an das Grab des Apostels Matthias zu führen, zu dem sie noch nicht gegangen waren, weil es weit außerhalb der Stadt gelegen war. Nach ihrer Ankunft begaben sie sich zunächst zu den Mönchen und baten sie um Rat. Diese hielten es für das beste, einem Priester die Sünden zu bekennen, eine Buße zu erbitten und dann unter Gebet und Bitten aller Anwesenden zu Matthias zu gehen. – Sofort ward der Priester gerufen, die Beichte abgelegt und die Buße verhängt. Unmittelbar darauf versammelten sich alle am Grabe des Apostels. Fast zwei Stunden flehten sie ununterbrochen zu Gott und zum heiligen Matthias. Als sich der Tag langsam zum Abend neigte, gingen einige weg, um ihr Nachtlager aufzusuchen. Da trat die Mutter des Spötters an ihn heran und fragte ihn, ob er mit ihr nach Hause gehen wolle. Und siehe, da antwortete er mit lauter und klarer Stimme: „Ich will noch nicht weggehen, ich will noch etwas hier verweilen, um Gott und meinem gütigen Retter Matthias zu danken.“ – Nun sahen und hörten es alle: Auf die Fürsprache des heiligen Matthias hatte Gott dem Jüngling vergeben und ihm wieder die Sprache geschenkt. Viele brachen in Freudentränen aus, und in jubelndem Chore sangen sie mit den Mönchen Hymnen und Dankeslieder.

Wie Siglint von Dusemont nach einer Erscheinung des heiligen Matthias und der heiligen Helena vom Nervenkrampf geheilt wurde

Einst litt im Dorfe Dusemont, dem heutigen Brauneberg an der Mosel, ein Mädchen namens Siglint an einem entsetzlichen Nervenkrampf. – In drei Schüben war die Krankheit über sie gekommen und nach dem letzten Schub kroch sie nur mehr wie eine Schlange am Boden. – Nachdem die Mutter allerlei Medikamente und Hexenzauber angewandt hatte, blieb nichts mehr anderes übrig, als sich bedingungslos der Barmherzigkeit Gottes anzuvertrauen. – Nun traf es sich, daß zum Fest des heiligen Petrus im Dom zu Trier eine Gruppe von frommen Leuten aus Dusemont dorthin pilgerte. – Da bat die arme Mutter, ob sie sich mit ihrer nervenkranken Tochter wohl anschließen dürfe. So zog diese kleine Pilgerschar nach Trier und die armselige Tocher ward an die Stätte des heiligen Petrus, in den Dom geführt. Von da wanderten Mutter und Tocher mit den anderen zum Grab des Apostels Matthias. Dort beteten sie um Erhörung und Heilung, allein die Tage vergingen, und der Nervenkrampf setzte immer wieder ein. – Nun war eine ganze Woche bereits herum und die Mutter der Kranken wurde langsam ungeduldig. Eines Morgens sprach sie zur Tochter: „Meine Liebe, wir müssen zurück nach Hause, denn uns gehen die Mittel für das Wohnen und die Verpflegung hier aus und du wirst doch nicht gesund. Ich will nun in die Stadt gehen, um die Heimreise vorzubereiten, du aber gehe schnell in die Basilika ans Grab des Apostels und bitte und bete nochmals um Genesung – vielleicht erbarmt sich diesmal der Apostel." – Kaum hatte die Mutter so gesprochen, da machte sie sich auch schon auf in die Stadt – das kranke Mädchen jedoch verfiel in einen tiefen Schlaf. Im Traum glaubte sie sich versetzt in die Kirche, und zwar an einen Ort zwischen Turm und Apostelsarkophag. Plötzlich merkte sie, wie aus diesem Turm die erhabene Gestalt einer edlen Frau heraustrat, angetan mit einem langen Purpurgewand, auf dem Haupte eine Krone – ganz wie eine Herrscherin strahlend. Es stand außer Zweifel: Dies konnte nur die Kaiserin Helena sein, die einst die Gebeine des heiligen Matthias hatte nach Trier bringen lassen. – Als sie diese Frau länger betrachtete, da ging diese auf sie zu und fragte mit holder Stimme, ob der heilige Matthias in dieser Kirche sei. Als das Mädchen dies im Traume bestätigte, schritt Helena zum Sarkophag des Apostels und blieb zunächst dort stehen. Dann, ganz plötzlich, öffnete sich das Apostelgrab in der Mitte und ein Greis in weißem Gewande, mit grauen Haaren, einem langen Bart und überaus gütigen Augen entstieg ihm. Er ging mit Helena zum Turm, wo sie kurze Zeit stehen blieben und miteinander zu sprechen schienen. Darauf kehrte der Apostel zu Siglint zurück und fragte nach ihrem Begehr. Sie antwortete, sie wolle nur Erbarmen und Heilung. Darauf Matthias: „Sei standhaft, denn nach drei Tagen, also am vierten Festtag, wirst du Befreiung erlangen von deiner Krankheit, und du wirst ganz und gar gesund werden." – Nach diesen Worten kehrte der Apostel wieder zum Turm zurück und das Mädchen erwachte. Sogleich wollte es aufstehen, aber es konnte sich noch nicht aufrecht halten und fiel zu Boden. Da kam die Mutter aus der Stadt zurück und schalt das arme Kind, daß es noch immer in der Herberge sitze und nicht zum Apostelgrab gegangen sei, wie sie es ihr aufgetragen habe. Da sagte Siglint: „Sei getrost, Mutter, ich hatte im Traum eine Erscheinung und hier versicherte mir der heilige Matthias, daß ich am vierten Festtage gesund sein werde." Und tatsächlich: In der Frühe des vierten Tages verließ das Mädchen der Nervenkrampf und sie konnte unbehindert gerade stehen, ohne wieder auf den Boden zu fallen. Dies geschah vor allem Volke, als sie vor das Grab des Apostels gebracht worden war. – Nun stimmten alle das Lob Gottes jubelnd an und dankten Matthias für diese Fürsprache bei Gott, dem Vater der Armen und Arzt der Kranken.

Einem blinden Kind aus Graach wird durch die Anrufung des heiligen Matthias wieder das Augenlicht geschenkt

In Graach an der Mosel lebte ein frommer Bauer mit seiner Familie. Er hatte einen Sohn, der eines Tages über arge Kopfschmerzen zu klagen begann. Diese wurden immer ärger. Auf einmal griffen sie auf die Augen über, und es dauerte nicht lange, da ward das Kind blind. – Die Eltern konnten sich ob dieses Schicksalsschlages gar nicht beruhigen. – Da geschah es, daß die Mutter an einem Abend, als der Vater zu irgendeiner Arbeit ausgegangen war, das Kind in ihre Arme drückte und laut klagend ausrief: „O Gott, du Schöpfer der Menschen und Tröster der Betrübten, warum hast du mich so unbarmherzig in meiner Nachkommenschaft geschlagen? O Herr, weil ich keine solchen Verdienste habe, daß ich deine Barmherzigkeit erlangen könnte, so glaube ich doch fest, daß du dich durch die Verdienste deines heiligen Apostels Matthias in deiner Allmacht erbarmen wirst, denn du bist ja die Zuflucht der Kranken!" Ja, groß war der Glaube dieser Frau, und groß war das Erbarmen Gottes auf die Fürsprache des Apostels Matthias! Denn, kaum hatte sie in ihrem inbrünstigen Gebet den Namen des Apostels ausgerufen, da blickte der kleine Sohn auf die Brust seiner Mutter, fing an zu schreien, strampelte in hellem Vergnügen auf dem Schoße seiner Mutter herum und bekundete so, daß er wieder sehen könne. – Da hielt es die Frau nicht mehr zurück im Haus. Schnell stand sie auf, nahm das Kind an der Hand und lief dem gerade heimkehrenden Vater entgegen. Voll Jubel erzählte sie ihm alles, was an ihrem Sohn geschehen war. Da antwortete ihr Mann: „Nachdem der Allmächtige mir Unwürdigem seine reiche Gnade durch seinen Apostel hat zuteil werden lassen, will auch ich meinen Freunden, die so großen Anteil nahmen an der Blindheit meines Kindes, Freigebigkeit erweisen." Und er ließ ein Festmahl richten, rief alle Freunde und Bekannten zusammen und freute sich mit ihnen allen über die erwiesene Barmherzigkeit und Allmacht Gottes auf die Fürsprache des Apostels Matthias.

Wie in der Metzelstraße zu Trier ein Kind in den Brunnen fiel und durch den heiligen Matthias daraus errettet wurde

Lambert von Lüttich, der als Kind eines vornehmen Ratsherrn in Trier in der Straße der Metzger – daher Metzelstraße – lebte, erzählt folgende Begebenheit: Einst ging eine Magd aus der Nachbarschaft mit einem Kind, das ihr anvertraut war, an den Brunnen, um Wasser zu schöpfen. – Dabei beugte sie sich über den fast 40 Ellen tief mit Wasser gefüllten Brunnen – und, o Schreck, das Kind glitt ihr aus den Händen und stürzte in den Brunnen hinab. – Entsetzt und in der Absicht, sich das Leben zu nehmen, lief sie an die Mosel, um sich in den Strom zu stürzen. Dies wurde ein Wanderer gewahr, lief auf sie zu, faßte sie bei der Hand und beschwor sie, von solchem Vorhaben abzulassen. – Da besann sie sich und der gute Mann führte sie in die Stadt zurück, eiligen Schritts, um vielleicht doch noch das Kind lebend aus dem Schachte herausziehen zu können. – Am Brunnen angekommen, stieg der Helfer unter vielen Mühen sofort in den Schacht hinab – und siehe da, das Kind war aus unerklärlichen Gründen über der Wasserfläche hängen geblieben. Er zog es sogleich heraus und übergab es den Eltern. Diese merkten, daß ihr Knäblein nicht die geringste Spur von Nässe oder irgendeine Verwundung aufwies. Aber kaum war die erste, freudige Verwunderung über all das zum Teil vorbei, da gerieten sie in noch größeres Erstaunen über folgende Tatsache: Obwohl nämlich der Knabe erst ein halbes Jahr alt war, begann er ganz leise, aber durchaus deutlich den Namen des heiligen Matthias auszusprechen – und, o Wunder: Während des folgenden nächsten halben Jahres sagte das Kind nichts anderes als immer wieder: „O heiliger Matthias." – Daraus schlossen die Eltern und alle Bekannten, daß der Kleine durch den heiligen Apostel vor dem Ertrinken gerettet worden war.

Wie die große Kerze von Markgröningen sich dreimal selbst entzündet hat

Es war Weihnachten. Am Grab des heiligen Matthias brannten alle Kerzen zur feierlichen Mette. Unter ihnen stand auch die große Kerze von Markgröningen mit ihren 30 Pfund. Sie durfte allein zu ganz festlichen Anlässen entzündet werden. So brannte sie auch in dieser Hochheiligen Nacht bis in den Morgen hinein, da die Hirtenmesse gefeiert worden ist. Als der Priester diese wundersam stille und feierliche Messe beendet hatte, wurden alle Kerzen gelöscht, auch die große von Markgröningen. – Aber sie entzündete sich wieder. Als nun der Schatzmeister des Klosters etwas später durch die Kirche ging und die große Kerze noch brennen sah, da rügte er die Nachlässigkeit des Bruder Sakristan, weil er meinte, dieser habe es vergessen, die Kerze zu löschen. – Allein dieser beteuerte, daß er auch diese gelöscht habe, ging hin, und machte das Licht aus. – Nach einer Stunde kam der Mönch wieder, sah die Kerze abermals brennen und löschte sie schweigend und nachdenklich aus. – Aber sie entzündete sich zum dritten Mal und brannte den ganzen heiligen Tag über, bis sie bei Sonnenuntergang des hochheiligen Geburtsfestes von selbst verlöschte. – Ihr Brennen sollte allen anzeigen, daß der Apostel Matthias wie die anderen Apostel das Licht der Welt und die Lampe vor dem Angesicht des Herrn sei.

Wie der heilige Matthias der Matrone das St.-Matthias-Bruderschaftsbuch vorhält und den Schultheiß mahnt

Die ehrwürdige Matrone, die bereits in hohem Alter stand, betete noch lange in der Kirche, schließlich schlief sie vor Müdigkeit ein. – Da erschien ihr im Traume der heilige Matthias mit einem Buch, in dem die Namen derer verzeichnet waren, die der Bruderschaft angehörten. Er öffnete bedächtig und sehr ernst das große, schwere Buch und zeigte der Matrone die Gelübde, die jeder getan und gelöst hatte. Dabei standen noch verzeichnet all die Opfer, die die einzelnen Mitglieder im Laufe der Jahre dargebracht hatten. – Plötzlich wies St. Matthias auf den Schultheiß, der als Bruderschaftsmeister alles eingenommen und veruntreut hatte. Er sagte: „Geh hin und warne den Schultheiß auf diese Weise: Du hast die Opfer meiner Gläubigen für die jährliche Kerze schon lange veruntreut und hinausgeschoben und wenn du nicht innerhalb von dreißig Tagen alles zurückgegeben hast, dann werde ich dein Licht, wie du mein Licht verdunkelt hast, in Ewigkeit auslöschen." Nach diesen Worten sah die Matrone Matthias nicht mehr. – Nachdem sie erwacht war, ließ sie sofort den Schultheiß kommen und berichtete ihm alles. Dieser aber warf sich, nachdem die Frau sich ihres Auftrages entledigt hatte, zu Boden und bekannte, daß diese Anklage des Apostels ganz zu Recht bestehe. – Unmittelbar darauf erstattete er alles zurück und legte von seinem Geld noch das Doppelte hinzu. Dann pilgerte er mit der Matrone und vielen Leuten nach Trier zur Kirche des heiligen Matthias, wo er am Sarkophag des Heiligen Genugtuung leistete, seine Gelübde erfüllte und eine große, dreißig Pfund schwere Kerze gießen ließ. – Diese stellten die Mönche vor das Apostelgrab und entzündeten sie an allen Festtagen. – Die Pilger aber erzählten mit dem Schultheiß alles, was sich da an Wundern zur Bekehrung zugetragen hatte, lobten Gott, erfüllten ihre Gelübde und kehrten voll Freude nach Hause zurück.

Wie der heilige Matthias seine Äcker in Meckelheim vor dem Hagel schützte

Im Dorf Meckelheim im Erzbistum Köln bestand eine Bruderschaft des heiligen Matthias. Diese hatten einst am Apostelgrab in Trier eine große Kerze aufgestellt, die sie alljährlich nach ihrem Vermögen durch ihre Opfer vergrößern und erneuern ließ. Vom Rest der Kollekten wurden von den Mitgliedern der Bruderschaft einige Äcker gekauft, die zu Ehren des Apostels Matthias Matthiasäcker genannt waren. – Der Ertrag dieser Felder ging an die Abtei von St. Matthias in Trier. – Da geschah es eines Jahres, daß ein fürchterlicher Hagelschlag die Ernte der Gegend in und um Meckelheim zerstörte. – Der Apostel Matthias jedoch schützte seine Felder und alles blieb stehen. Dieses Wunder erinnert an ein Wunder in Ägypten, von dem im Buche Exodus steht: „Der Hagel erschlug alle Pflanzen und alle Bäume im Lande, nur im Lande Gosen, wo die Kinder Israels wohnten, fiel kein Hagel.“ – Als die Bewohner dieser Gegend das Wunder erlebten, lobten sie Matthias als Beschützer und getreuen Samaritan seiner Felder. Aber nicht nur die Felder behütete er vor der Verwüstung, auch die Gläubigen bewahrte er vor vielerlei Not und Gefahr.

Wie ein Junge aus Temmels vom heiligen Matthias zum Leben erweckt wurde

In Temmels an der Mosel, zwei Meilen südlich von Trier, trieb eines Tages der einzige Sohn einer Witwe die Kühe seiner Mutter und anderer Dorfbewohner, wie es seine Gewohnheit war, zur Weide in das Schilf der Mosel. Dort war es möglich, den Fluß bis zur Mitte etwa zu durchwaten. – Während das Vieh dort weidete, spielte der Junge mit anderen Hütejungen auf einer kleinen Insel, bis die Sonne unterzugehen begann. Da verließ er rasch seine Spielgefährten und etwas überstürzt versuchte er, bei einer Mühle den Fluß zu überqueren, um möglichst rasch ans Vieh zu gelangen. Gerade dort aber stürzte das Wasser mit mächtigem Getöse in den Mühlenteich. Der Junge wagte es nun, über die aus dem reißenden Wasser herausragenden Steine ans andere Ufer zu gelangen. Schon war er fast am Ziel, da trat er auf einen glitschigen Stein, rutschte aus und stürzte voll in die Flut. Er wurde von dieser sofort mitgerissen und ging unter. – Da es Sonntag war, gingen mehrere Leute am Uferweg spazieren und bemerkten sofort das Unglück. Sie schrien laut auf, einige von ihnen liefen in die nahegelegenen Häuser, um erfahrene Schiffer zur Rettung des Ertrinkenden herbeizurufen. – Diese kamen denn auch gleich und versuchten mit Rudern und Stangen, den Unglücklichen aus dem Wasser zu ziehen. Schließlich gelang es ihnen. Am Ufer warteten unter Tränen und lautem Schluchzen die Leute und die Mutter auf die Überbringung des Toten. – Als dieser in die Arme seiner klagenden Mutter gelegt wurde, brach beinahe ein Streit aus, was nun zu tun sei. – Die meisten rieten, den Ertrunkenen sofort zu bestatten, da es heiße Sommerszeit war und Befürchtungen auftraten, der Tote könnte alsbald in Verwesung übergehen. – Die Mutter jedoch schrie laut auf, zerriß ihre Kleider und schwor beim Namen des heiligen Matthias, den sie schon den ganzen Tag angerufen hatte, daß sie dies nie zulassen werde. – So trugen junge Männer den Toten in ihr Haus, wo die Mutter ihn in seinem Bette aufbahrte und ihn wie einen Lebenden ankleidete. Die meisten Leute blieben bei der Mutter und hielten die Nachtwachen mit ihr. Aber die Gebete wurden nicht wie für einen Toten, sondern wie für einen Kranken gehalten. So wachten alle bis zu der Stunde des nächsten Tages, an der er am Vortag ertrunken war. Als diese endlich gekommen war, flehte sie: „Heiliger Matthias, mache doch meinen Sohn wieder lebendig!" – Dann hob sie ein wenig die Decke weg und betrachtete ihn ganz genau. Auf einmal bemerkte sie tiefe Atemzüge und bald rief sie voll Jubel: „Der Apostel Matthias hat in Wahrheit meinen Sohn wieder zum Leben erweckt – Ehre sei Gott!"

Wie eine Wahnsinnige aus der Dauner Gegend geheilt wurde

Einst lebte in der Nähe der Burg Daun in der Eifel eine Witwe. Diese war sehr arm. Ihr einziger Trost bestand in ihrer Tochter. – Aber mit 15 Jahren wurde diese Tochter sehr schwer krank. Die Ärzte wußten nicht, was das denn für eine Krankheit sei. Die einen meinten, es sei Besessenheit, die anderen vermuteten, es könne sich dabei nur um eine Krankheit des Gehirns handeln, also um Geistesverwirrung. – Tag und Nacht schrie diese Arme entsetzlich. Niemand vermochte zu helfen. Da entschloß sich die beinahe verzweifelte Mutter, ihr krankes Kind gefesselt einem Nachbarn mit nach Trier zu geben, damit er mit diesem ans Grab des heiligen Matthias wallfahre. Viel Geld gab sie dem Manne und bat ihn inständig, dies zu tun. Schließlich nahm er diese Aufgabe an, fesselte das arme Mädchen und pilgerte mit ihm Richtung Trier. – Die betrübte Mutter folgte hinterher. – Beim heiligen Matthias angekommen, betete sie drei Tage mit großer Hingabe. Am vierten Tage wurde sie erhört. Das Schreien und Beißen der Tochter hörte plötzlich auf. Man konnte ihr die Fesseln abnehmen. Dann trat sie in die Mitte der Pilger und lobte mit ihnen Gott. Hierauf sagte sie dem heiligen Matthias Dank und kehrte mit ihrer Mutter vollkommen gesund nach Hause zurück. – Ob dieses Wunders fühlte sich die Witwe so von oben beschenkt, daß sie viel glücklicher war als je zuvor. Sie merkte nichts mehr von ihrer Armut und auch die anderen Menschen betrachteten sie nicht mehr als arme Frau, so strahlte sie Glück, Zufriedenheit und Wohlwollen aus. Ihre Tochter aber wurde in ihrem Glauben an Gottes Macht so bekräftigt, daß keine Trübsal des Lebens sie je unwillig oder unfreundlich zu machen vermochte. Ihre Heilung ließ sie das Vertrauen auf Gott und auf die Fürsprache der Heiligen nie mehr verlieren.

Wie ein Kind in der Mosel ertrank und durch den heiligen Matthias gerettet wurde

An einem schönen Sommertage fuhr ein Nachen langsam an der Moselbrücke in Trier vorbei. – In dem Schiffchen war ein Kind und seine Mutter. Plötzlich verlor der kleine Sohn im Stehen das Gleichgewicht und fiel über den Rand des Fahrzeugs ins Wasser. Ein am Ufer stehender Mann sah dies und sprang in die Fluten, um den Kleinen herauszuziehen. Doch der böse Geist, der auch den Namen Neptunus führt, hinderte diese Rettungstat, so daß dieses Menschenleben zum zweiten Mal verloren schien. Beim dritten Versuch rief er den Namen des Apostels Matthias an, und es gelang ihm, das Kind tot herauszuziehen. – Da es inzwischen bereits Abend geworden war, konnte die Mutter nicht mehr den Priester zur Einsegnung und Beerdigung holen. So mußte die Leiche die ganze Nacht über auf der Bahre liegenbleiben. Am Morgen dann kam der Priester, um den Kleinen auf den Friedhof zu geleiten. Die Mutter hatte die ganze Nacht den heiligen Matthias angerufen, aber der Sohn blieb tot. Als sich nun der Priester anschickte, mit den Totengebeten und der Beerdigung zu beginnen, da bäumte sich die Mutter nochmals ganz wild auf, schrie zu Gott um Hilfe und drohte förmlich dem Apostel Matthias, sie werde ihm fluchen, wenn er jetzt nicht sofort helfe. – Da – o Wunder – richtete sich der Tote auf, wie einst der Jüngling von Naim, und begann lebendig mit seiner Mutter, den Umstehenden und dem Priester zu sprechen. Da war der Schmerz bei allen in helle Freude verwandelt, und alle lobten Gott für diese Erweckung. Den Apostel Matthias jedoch bat die eben noch verzweifelte Mutter um Vergebung für ihre Drohworte. Sie wolle nun ab sofort ihn als den ersten unter allen Aposteln ehren und nur Gutes von ihm reden. So kam es, daß nicht nur das Übel des Todes überwunden war. Auch die Sünde der Beleidigung des Apostels erhielt durch diese Bitte ihre Wegnahme. Leben war also beim Sohn, Leben war aber auch wieder bei seiner Mutter, denn wo die Sünde ein Ende nimmt, kehrt das gottgefällige Leben wieder zurück.

Ein unschuldig Gefesselter wird durch den heiligen Matthias befreit

Nicht selten kommt es vor, daß Unschuldige bestraft werden. So hatte einst der Stadtpräfekt von Trier, Imbrico der Rote, einen jungen Mann völlig unschuldig in Fesseln legen lassen. Gott sei Dank war dieser Mann fromm, und so erinnerte er sich des heiligen Matthias, der schon manchem in schwerer Not beigestanden hat. Er rief denn nachts diesen Apostel an, und es dauerte gar nicht lange, da lösten sich plötzlich seine Fesseln, und er konnte unbemerkt entkommen. – Sein erster Weg führte in die Abtei von Sankt Matthias. Dort waren die Mönche gerade beim Chorgebet versammelt. Ihnen berichtete der Freigelassene von diesem Wunder und legte zum Zeugnis dafür die Fesseln auf den Sarkophag des schnellen Helfers. Er blieb noch bis zum Ende der feierlichen Matutin. Einstweilen war es Morgen geworden, und die Sonne schien bereits hell und warm. Da beeilte er sich, möglichst rasch nach Hause zu kommen und ward dort von seinen Eltern und Geschwistern freudigst empfangen. Der Stadtpräfekt jedoch erkannte jetzt seinen Irrtum und bat den jungen Mann vor Zeugen um Vergebung. – Wie der heilige Matthias nun dem unschuldig Verurteilten die Fesseln abgenommen hatte, so tat er es jetzt auch an dem Stadtpräfekten. Er befreite ihn im Namen des Dreieinigen Gottes von den Fesseln der Schuld, ein falsches Urteil gefällt zu haben.

Der ertrunkene Knabe Günther von Arlon wird zum Leben erweckt

Als der große Bittag war, der überall am 25. April gefeiert wurde, ging Günther von Arlon in Belgien mit seiner Frau aus dem Hause, um von der Pfarrkirche aus an der Bittprozession teilzunehmen. – Den zweijährigen Sohn, der ebenfalls Günther hieß, ließen sie daheim bei seinen Altersgenossen. – Als diese voll Vergnügen miteinander spielten, lief der Kleine an den Wassergraben des Kastells und fiel alsbald durch Unvorsichtigkeit ins Wasser. Gegen Mittag kehrten die Eltern zurück. Schon von weitem kamen ihnen die Kinder entgegengelaufen und schrien wild durcheinander: „Der kleine Günther ist ins Wasser gefallen und ertrunken." Schnell eilten Vater und Mutter an die Stelle, die ihnen von den Kindern gezeigt wurde. Wirklich: Mitten im Wasser lag das Kind, ganz aufgequollen und tot. Sie holten es unter Tränen heraus und beschlossen das sofortige Begräbnis. Da stellte sich dem ein unerwartetes Hindernis entgegen: Das Gotteshaus nämlich, in dem die Totenmesse gehalten werden mußte, war durch bischöfliches Siegel verschlossen – angeblich wegen eines kirchlichen Bannes, der darüber eben verhängt worden war. Ratlosigkeit kam über die Eltern, die Verwandten und Nachbarn, was nun mit dem Knäblein zu geschehen habe. – Auf einmal erinnerten sie sich des heiligen Matthias in Trier, zu dem sie schon vor langer Zeit eine Wallfahrt gemacht hatten. Sie riefen ihn um seine Hilfe an, er möge doch durch seine Fürsprache bei Gott erwirken, daß Günther wieder zum Leben käme. Auch legten sie Versprechungen ab, falls das Wunder der Erweckung geschähe. Die Umstehenden unterstützten die Eltern in ihren Gebeten. Und siehe: Plötzlich öffnete der Knabe den Mund und spie eine beträchtliche Menge Wasser aus. Dann schlug er freudestrahlend wieder die Augen auf und ward vollkommen gesund. Das Wunder der Erweckung zum Leben war geschehen – alle lobten Gott und priesen des heiligen Matthias Fürsprechkraft.

Die heilige Dienstmagd von St. Matthias

An der Stelle, wo heute das Pfarrhaus von St. Matthias steht, gleich neben dem Hoftor der Abtei, stand in alter Zeit, da noch keine Benediktinermönche in St. Matthias weilten, ein Wirtshaus, das nicht gerade den besten Ruf hatte. – Hier trafen sich Tag und Nacht Fuhrleute und Kriegsknechte. Die einen stärkten und belustigten sich beim Wein, bevor sie in die Stadt zogen, die anderen machten dasselbe beim Abschied aus Trier. – In diesem Haus nun verdiente sich eine arme Dienstmagd aus Heiligkreuz ihren kärglichen Lebensunterhalt. – Ihre Eltern konnten ihr nichts geben, denn diese waren bitter arm und eine andere Möglichkeit des Verdienstes konnte sie nicht finden. So blieb ihr also nichts anderes übrig, als hier auszuharren und Gott um die Gnade zu bitten, inmitten dieses bunten Treibens verschiedenster Gestalten keinen Schaden zu nehmen. – Den Gedanken, als Nonne in ein Trierer Kloster einzutreten, mußte sie auch fahren lassen, denn ohne ihren Verdienst wären ihre Eltern des Hungertodes gestorben. – Der Besitzer dieser Schenke war ein roher Kerl. Er hätte es gar zu gerne gesehen, wenn seine fromme, ja heiligmäßige Dienstmagd auch einmal zumindest der Versuchung erlegen wäre. Darum schickte er sie immer wieder mit dem Befehl unter seine Gäste, mit diesen zu tanzen. – Was blieb ihr anderes übrig, als zu gehorchen, wollte sie nicht ihren Posten verlieren. Dabei zog sie sich hinter dem Ausschanktisch leichtere Schuhe an und legte Erbsen hinein, damit sie beim Tanzen Schmerzen empfinde, was sie sicher vor Sünden schützen würde. Es ging aber während des Tanztreibens ein solches Licht von ihrem Antlitz aus, daß auch der roheste Landsknecht es nicht wagte, ihr ein sündhaftes Wort zu sagen oder sich gar an ihrer Unschuld zu vergreifen. – Jedoch ihr Herr erhielt bald den Lohn für sein frevelhaftes Treiben. In einem Streit wurde er von einem wilden Fuhrknecht erschlagen. – Der Nachfolger war ein guter Mann. Er achtete die Dienstmagd sehr. Bereits in frühem Alter jedoch mußte sie sterben. Ihre Kräfte waren ganz aufgebraucht. Auch hatte sie die Sehnsucht nach Jesus Christus als ihrem Bräutigam verzehrt, so daß sie, als die physischen Kräfte nachließen, keine Widerstandskraft mehr aufbrachte, um noch längere Zeit in der Ferne von Christus zu leben. – Die Mattheiser Christen, die sie gut kannten, begruben sie in einer besonderen Kapelle, gleich hinter der Kirche des heiligen Eucharius und nannten sie „Kapelle der heiligen Dienstmagd“. Viele Jahrhunderte lang stand diese Kapelle und viele Gläubige aus St. Matthias besuchten sie.

Der Mönch Dominikus betet vor dem Gnadenbild in St. Matthias

Nachdem der heilige Lukas, der Missionsgefährte des heiligen Paulus, das dritte Evangelium und die Apostelgeschichte geschrieben hatte, entschloß er sich, der auch Arzt und Maler gewesen war, ein Bild der Gottesmutter Maria zu malen. Er hatte die Züge dieser Frau sich so tief eingeprägt, daß er eines Tages gar nicht mehr anders konnte, als sich vor die Staffelei zu setzen, den Pinsel zu nehmen, die Farben zurechtzurücken und mit dem Malen zu beginnen. Auf herrlichem Goldgrund entstand ein zartes Marienbild, das die Gottesmutter in wartend-anbetender Haltung zeigt: Noch ist ihr Kind nicht geboren, aber Maria ist im Gebet bereits innig mit ihm verbunden. – Lukas sah nach wenigen Tagen das Bild vollendet dastehen, er grüßte es in Ehrfurcht und setzte die Inschrift darauf: „Hagia Maria – heilige Maria." Blumen wollte er für immer vor dieses Antlitz stellen und so schrieb er mit dem Pinsel rund um das Bild: „Wie Frühlingstage umhegen sie duftende Rosen und die Lilien des Feldes." – Nach langer Zeit brachten Pilger die Ikone von Griechenland hierher nach St. Matthias. Die Fülle des Segens sollte von da aus sich über das Trierer Land breiten. Davon berichtet eine alte Legende mit den Worten: „Wer diese Hagia Maria, diese Maria,

die Heilige, sieht, muß glauben, daß fromme Pilger das Bild von Griechenland mit nach Trier brachten und es in St. Matthias aufstellten, damit sein Gnadenstrom auch die Menschen von Trier überflute." – In Trier aber lebte zu St. Alban ein Büßermönch, Dominikus mit Namen. Die Chronik nannte ihn „flos cartusiae nostrae" – „Blume unserer Kartause". Viele Jahre der Wanderschaft in Irrtum und Sünde lagen vor dem Eintritt ins Kloster. Im Kloster selbst schrieb er das Buch „Corona beatae Mariae virginis", „Krone der seligen Jungfrau Maria". Immer wieder preist er darin Maria, die ihn nicht fallen ließ, die ihm vielmehr nachging, ja ihn rettete. – Einst kniete er wiederum vor diesem Gnadenbild – da kam der Geist Gottes über ihn und er sprach ein Gebet, das er auch in dieses Buch aufgenommen hat: „Du, o Maria, stehst über allen Frauen. Von Türen rings umgeben, bist Du ein verschollener Garten der Wonne, von Lilien des Himmels umwallt, von Rosen umkränzt, eine Schale mit Veilchen, mit purpurnen Äpfeln geschmückt. Wohlan denn, Jungfrau, die der Jungfrauen Blume ist und der Meerstern, ich bitte Dich, tritt für mich bei Deinem Sohne ein. Er ist die Blume aller Blumen."

Der heilige Celsus von St. Matthias

Der Mönch Theoderich aus St. Matthias, der um das Jahr 1000 das Mönchsgewand nahm, berichtet, wie Erzbischof Egbert von Trier sich entschloß, die kleine Kirche mit den Gräbern des heiligen Eucharius und anderer Heiligen vor den Mauern der Stadt neu und größer erstehen zu lassen. Als die Arbeiter die Fundamente zu legen begannen, da entdeckten sie einen großen Sarkophag. An diesem war eine Marmortafel mit der Inschrift angebracht: „Wer immer du seist, wenn du sorgsam verlangst, den Inhalt dieses Grabmals zu kennen, wisse, hier ruht Celsus, berühmt durch Namen und Verdienste, vom Herrn mit wahrer Ehre ausgezeichnet, nicht lässig in der Sorge um die Heimat, immer allerorts tätig. Geschlecht und Geburt nahm er von vornehmem Stamme, und mit frommem Sinn ward er in diesem Grabe beerdigt." – Einer von den Arbeitern hatte den Sarkophag mit seinem Werkzeug beschädigt – aus Unverstand und Geringachtung. Deshalb rügten ihn die anderen und meldeten den ganzen Vorgang dem Abt. Dieser teilte es Erzbischof Egbert mit. – Es dauerte nicht lange, da kam der Bischof selbst an die Ausgrabungsstätte und befahl, die Arbeiten müßten sofort eingestellt werden, ließ den Sarg versiegeln und befahl den Mönchen, die Grabstätte Tag und Nacht zu bewachen. Dann gab er eine Kopie der Inschrift in Auftrag und reiste damit zur Bischofssynode nach Ingelheim. Alle um den Kaiser Otto versammelten Bischöfe und Äbte waren der Meinung, im Sarg müßten die Gebeine eines Heiligen liegen, der auf die Altäre zu erheben sei. – Hocherfreut über diesen Beschluß eilte Egbert nach Trier zurück, ordnete eine Prozession vom Dom nach St. Matthias an und zog selbst an deren Spitze mit viel Klerus und Volk dorthin. Kreuze und Kerzen, Weihrauchfässer und kostbare Evangelienbücher wurden im Zuge mitgeführt. – Dort angekommen, entfernte der Erzbischof das Siegel, ließ den Sarkophag öffnen und alsbald wurde die ganze Kirche mit Wohlgeruch erfüllt. – Aber Egbert wollte noch ein weiteres Zeichen der Sicherheit haben, daß dies wirklich die Gebeine des Heiligen seien. So entnahm er denn den Knochenresten ein Fingergelenk, umhüllte es mit einem dünnen Gewebe und legte es auf die glühenden Kohlen des Weihrauchfasses. Da lag es nun von der Präfation bis zum Schluß des Pontifikalamtes – es verbrannte jedoch nichts an ihm, nicht einmal die Umhüllung versengte. – Somit war der Beweis erbracht, daß Celsus in Wahrheit als Heiliger verehrt werden dürfe. – Nun konnten die Reliquien in einen kostbaren Schrein gelegt werden. Dieser fand zunächst auf dem Hochaltar seine Aufstellung. Nach etwa 30 Tagen übertrug man das Reliquiar auf den Kreuzaltar, der in der Mitte des Kirchenschiffes vor dem Choreingang stand. Von diesem Augenblick an strömten viele Kranke zu Celsus, mancher von ihnen konnte geheilt nach Hause zurückkehren. So wurde eine Nonne aus St. Irminen, Henza, von der Mundsperre geheilt. Eine adelige Frau, Geila, die jahrelang an Fieber darniedergelegen war und schon an Abzehrung litt, konnte plötzlich wieder gesund herumgehen; eine andere, von Gicht befallene Alte erlangte ebenfalls die Gesundheit wieder.

Wie das Kloster von St. Maximin entstand

Man schrieb die ersten Jahre des 4. Jahrhunderts. Unter Familien der Stadt Trier galt eine als besonders angesehen und mächtig. Der einzige Sohn aus diesem Geschlecht erhielt eine sehr sorgfältige Erziehung. Endlich, nach langer Ausbildungszeit, konnte er wieder in seine Heimatstadt zurückkehren. Die Eltern empfingen ihn aufs herzlichste. – Bald jedoch merkte die Mutter, daß ihr Sohn sehr ernst und in sich gekehrt war. Sie ahnte, daß schwerer Kummer auf ihm lag. – Ganz vorsichtig versuchte sie, ihm das Geheimnis zu entlocken, das offenbar in seinem Herzen verborgen war. Endlich gelang ihr das und er bekannte: „Mutter, ich habe mich in ein Mädchen von niederer Geburt ganz und gar verliebt. Ich habe dieses, mein Liebstes, in einer kleinen Stadt des Fränkischen Reiches gefunden, als sie gerade die kleine Herde ihrer Mutter hütete." – Zunächst erschrak die Mutter auf das heftigste. Dann jedoch besann sie sich und versuchte mit viel Geduld über Wochen hin, den Vater zur Einwilligung dieser Beziehung zu bewegen. – Zuerst wollte dieser unter gar keinen Umständen. – Schließlich willigte er doch ein. – Nun konnte die Hochzeit vorbereitet werden. In festlichem Zuge holte man die Braut ein und brachte sie nach Trier. Der Tag der Vermählung ward bestimmt. Da betrat des Nachts der Vater des Bräutigams den Versammlungssaal und zog mit erschrockenem Gesicht seine Frau zur Seite und gab ihr dies Geheimnis kund: Die Braut des Sohnes sei ihre leibliche Tochter. Als nämlich die Normannen einst in Trier eingefallen waren, wurde das Mädchen geraubt, und niemand wußte wohin. Jetzt hatte er sie an der goldenen Halskette erkannt, welche ihre vermeintliche Mutter hergebracht habe. – Da konnte es die arme Frau nicht mehr bei sich behalten, schrie laut auf und verkündete allen diese schreckliche Nachricht. – Der Bräutigam wurde fast rasend vor Schmerz – nur ein treuer Freund, der ihm gerade in diesen Augenblicken zur Seite stand, konnte ihn davor zurückhalten, sich in die Mosel zu stürzen. – Viele Wochen später, als die Wunden dieser Enttäuschung sich langsam zu schließen begannen, ging der junge Mann mit einem anderen Freund in den elterlichen Gärten bei Trier spazieren. Dabei trafen sie auf die Wohnhütte von Dienern Gottes. Sie traten ein und sahen auf dem Tisch eine Lebensbeschreibung des heiligen Antonius, des Großen liegen, die der große Patriarch und Kirchenvater Athanasius von Alexandrien verfaßt hatte. Mit einer gewissen Neugierde schlug der Jüngling diese Biographie auf, begann begierig darin zu lesen, wurde von der Schilderung des Lebens dieses ägyptischen Mönchsvaters so ergriffen und rief laut aus: „Laßt uns sein erhabenes Beispiel nachahmen, errichten wir hier eine Hütte und fliehen der falschen Welt." – Der Freund willigte freudestrahlend ein und beteuerte: „Dein Wunsch ist auch der meine." – Schnell waren die Hütten errichtet, und Kaiser Konstantin, der damals in Trier residierte und von Antonius bereits gehört hatte, räumte ihnen sogar die Trümmer des einst so herrlichen Apollotempels ein, damit hier ein Benediktinerkloster errichtet werden konnte. Später wurde das Kloster dem Trierer Bischof Maximin geweiht.

Wie die heilige Irmina ihren eigentlichen Bräutigam gefunden hat

Die Franken waren, ihrem König Clodwig folgend, Christen geworden. Viele ihrer Herrscher waren nun der alten, heiligen Stadt Trier sehr verbunden. Nicht selten geschah es daher, daß Schwestern, Töchter oder andere Verwandte aus diesen Kreisen Äbtissinnen in Trierischen Klöstern wurden. So ging es auch mit der später als Heilige verehrten Irmina. – Sie war die Tochter des austrasischen Königs Dagobert II. – im Jahre 662 geboren, war sie schon in früher Jugend einem fränkischen Grafen Hermann verlobt. Ihn liebte Irmina über alles – und, obwohl Hermann von Natur aus sehr rauh war, wandelte sich sein Wesen doch immer wieder vollkommen, wenn er in den Armen Irminens ausruhen konnte. – Nun kam die Zeit, da man in Trier für die Vermählung von Irmina und Hermann die Vorbereitungen zu treffen begann. Als dies mit großer Sorgfalt geschehen war, trat die Braut die lange Reise nach Trier an. Bei aller Freude über das kommende Fest war sie doch, sie wußte nicht warum, von einer bösen Ahnung erfüllt. Unter ihren Begleitern nun befand sich ein junger Mann aus armer Familie. Dieser hatte einst die junge Fürstentochter aus Lebensgefahr errettet. Irmina war ihm zeitlebens dankbar dafür und sah es sehr gerne, wenn er in ihrer Umgebung weilte. Seit jedoch Hermann zum Verlobten Irminens erklärt worden war, wurde Edgar, so hieß dieser Mann, immer ernster und trauriger. Die junge Irmina merkte dies wohl auch und es bekümmerte sie sehr. Oft versuchte sie, Edgar eine kleine oder auch große Freude zu machen. So gut das alles gemeint war, die Niedergeschlagenheit und Tiefsinnigkeit wichen nicht von diesem Menschen, die tiefsitzende Herzenswunde konnte nicht geheilt werden: Edgar war rettungslos in Irmina verliebt. Es war ihm eine Pein, wenn er Hermann und Irmina in Liebe beieinander sitzen sah. Es kam sogar vor, daß er daran dachte, den jungen Grafen aus Rache und Eifersucht zu ermorden. Aber immer wieder überwand er sich und ließ den Dolch im Gewande versteckt. – Nun also war der Tag der Abreise gekommen. Der Graf war schon einige Tage zuvor nach Trier gezogen, Irmina, Edgar und andere Mannen folgten bald darauf. Im alten Königsschloß zu Trier herrschte bei der Ankunft Irminens bereits reges Treiben und auf den Straßen der Stadt bewegte sich viel Volk, glücklich und froh, bald das schöne Fest der Hochzeit mitfeiern zu können. – Nur Edgar war zutiefst beunruhigt. Er lief die Treppen des Palastes auf und ab, böse Gedanken in seinem Herzen wälzend, verscheuchend und doch wiederum aufkommen lassend. Schließlich, einen Tag vor der Vermählung, stand sein Entschluß fest. Er wurde ruhig, ja direkt gesammelt. – Mit grimmigem Mut trat er vor Hermann hin und berichtete ihm in schmeichlerischer Rede, er habe die Nachricht erhalten, ein Künstler aus fernen Landen besitze einen kostbaren Brautschmuck. Dieser sei eben in die Nähe von Trier gekommen. Er wolle Hermann gerne zu diesem Künstler führen, damit er den Brautschmuck für Irmina erwerben könnte. Der Graf hatte zwar schon einen Schmuck für seine

Gattin erworben – allein, seine Liebe zu ihr kannte auch hier keine Grenzen und so willigte er ein, mit Edgar still und heimlich den Palast zu verlassen, um nochmals ein kostbares Geschmeide für seine Geliebte zu kaufen. Beide gingen schweigend den Berg hinan, den man im Volksmund „Markusberg" nennt. Als sie die Spitze erreicht hatten, blieb der Graf für ein Weilchen stehen, stützte seine Rechte auf das Schwert und sah erwartungsvoll und doch ein wenig müde auf das alte Trier mit seinen Häusern, Mauern, Türmen, Bädern und Kirchen hinab. Da – ein Sprung Edgars auf Hermann. Der junge, unglückliche Liebhaber umfaßte den Bräutigam von hinten her mit kräftigem Arm und beide stürzten in die Tiefe, wo sie zerschmettert liegenblieben. – Es war der Tag gekommen, da die Vermählung stattfinden sollte. Aber der Bräutigam ward verschwunden und vergebens weinte die Braut Irmina, der Verzweiflung nahe. – Nach mehreren Tagen fand man den Leichnam des Bräutigams umschlungen von den kräftigen Armen seines Nebenbuhlers, der ebenfalls tot war, am Fuß dieses Felsens bei Trier. – Irmina aber suchte und fand in Christus ihren zweiten, eigentlichen Bräutigam. Sie suchte das Kloster, Horreum oder Oeren genannt, im Jahre 675 auf und nahm den Schleier. Am Heiligen Abend des Jahres 707 schied sie aus diesem Leben, ausgezeichnet durch ein heiligmäßiges Leben vor Gott und den Menschen.

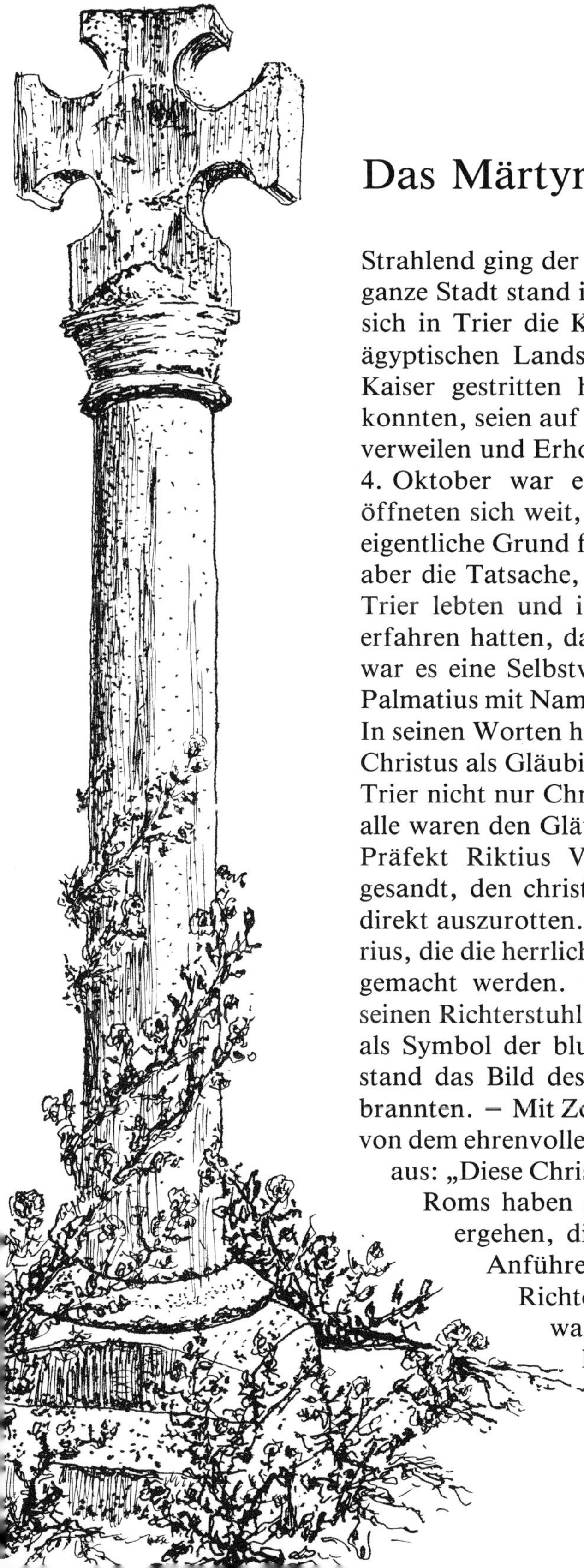

Das Märtyrerkreuz von St. Paulin

Strahlend ging der 4. Oktober des Jahres 286 über Trier auf. Die ganze Stadt stand in freudiger Erwartung. Schon seit Tagen hielt sich in Trier die Kunde, Teile der Thebäischen Legion aus der ägyptischen Landschaft Thebais, die mutig für den römischen Kaiser gestritten hatten und auch glänzende Siege vorweisen konnten, seien auf dem Marsch nach Trier, um hier einige Zeit zu verweilen und Erholung zu genießen. – Nun an diesem besagten 4. Oktober war es soweit. Die Tore der ehrwürdigen Stadt öffneten sich weit, die Soldaten wurden freudig empfangen. Der eigentliche Grund für diesen so herzlichen Willkommensgruß war aber die Tatsache, daß die vielen Christen, die damals bereits in Trier lebten und in deren Mitte sogar schon ein Bischof war, erfahren hatten, daß diese Soldaten auch Christen waren. – So war es eine Selbstverständlichkeit, daß der erste Bürgermeister, Palmatius mit Namen, die Ankommenden ganz offiziell begrüßte. In seinen Worten hob er ihren Mut als Soldaten und ihre Liebe zu Christus als Gläubige besonders hervor. – Aber es gab damals in Trier nicht nur Christen. Auch Heiden wohnten noch hier. Nicht alle waren den Gläubigen wohlgesonnen. So etwa der kaiserliche Präfekt Riktius Varus. Er war eigens von Kaiser Maximian gesandt, den christlichen Glauben in Trier zu unterdrücken, ja direkt auszurotten. Die Arbeit des ersten Trierer Bischofs Eucharius, die die herrlichsten Früchte zu tragen begann, sollte zunichte gemacht werden. – Dieser Präfekt schlug auf dem Marsfeld seinen Richterstuhl auf. Ihn umstanden die Liktoren, die die Beile als Symbol der blutigen Macht des Präfekten trugen. Daneben stand das Bild des Kriegsgottes Mars, vor dem die Opferfeuer brannten. – Mit Zorn und Rachegelüsten hatte Riktius Varus nun von dem ehrenvollen Einzug der Soldaten gehört. Verbittert rief er aus: „Diese Christenhunde – für meinen Kaiser und die Götter Roms haben sie keine Blumen." Sofort ließ er den Befehl ergehen, die Soldaten hätten sich zusammen mit ihrem Anführer Thyrsus noch am selben Tag vor seinem Richterstuhl einzufinden. – Am späten Nachmittag war es nun soweit: Thyrsus und seine Mannen langten auf dem Marsfelde ein und versammelten sich vor dem Präfekten. Dieser schrie sie an: „Streut Weihrauch den Göttern, eueren Beschützern in den Kämpfen für Kaiser und Reich! So verordnet es der römische Brauch." – Thyrsus aber blickte mit seinen Kampfesgenossen Riktius Varus scharf an und antwortete: „Wir sind treue Soldaten unseres Kaisers, dem wir den Eid der Treue geschworen haben. Aber wir sind auch einem anderen Kaiser verpflichtet, Jesus Christus, dem Sohne Gottes. Auch diesem gelobten wir Treue. Wir werden nie und nimmer diesen Schwur brechen." – Da erhob sich der Präfekt wutschnaubend und brüllte Thyrsus an: „Opfere oder stirb." Darauf wiederum Thyrsus: „Wir opfern nur einem Gott, und dessen Opfer ist nicht blutig. Unzählige Male sahen wir in schrecklichen Kämpfen dem Tode ins Angesicht. So haben wir auch keine Angst vor dem Tode, den du uns zufügen läßt." Darauf erscholl der einstimmige Ruf der Soldaten: „Wir sind Christen und wollen lieber sterben als den Göttern opfern." – Da vermochte der heidnische Statthalter kein Wort mehr zu sagen. Er winkte seinen Liktoren und Thyrsus wurde sofort enthauptet. Dann fielen sie über die Gefährten des Thyrsus her und machten sie alle nieder, bis auf den letzten Mann. Schnell bedeckte sich das ganze Marsfeld mit Leichen. Mit eisernen Haken zerrte man nun die Märtyrer bis an die Mosel, warf sie in den reißenden Fluß und das Wasser färbte sich ganz rot vom Blute der Zeugen Christi. – Zum Andenken an dieses Martyrium stellten die Christen der Stadt vor der Paulinskirche ein großes Kreuz auf. Unzählige Blumen sprossen im Laufe der Jahrhunderte an diesem Kreuze empor, genährt vom Blute der alten Märtyrer. So erhielt der berühmte Spruch des Afrikaners Tertullian eine neue Bedeutung: „Das Blut der Märtyrer – der Same der Christenheit." Ja, das Blut der Märtyrer wurde der Same für die vielen Blumen. Sie wurden zu späten, leuchtenden Zeugen der Christusliebe von rauhen Soldaten. Daher wurde hier Wahrheit: Nicht nur Menschen können das Christuszeugnis durch lange Zeiten hindurch in dankbarem Gedächtnis bewahren. Auch die Kreatur, die Blumen, nehmen an dieser anspornenden Erinnerung teil.

Die vier Märtyrersteine vor St. Paulin

Der Abend war hereingebrochen. – Die Christen von Trier, an ihrer Spitze der erste Bürgermeister Palmatius, hatten von dem Martertod der Soldaten der Thebäischen Legion auf dem Marsfeld am Nachmittag dieses Tages gehört. Entsetzen hatte alle erfaßt. – Vor allem Palmatius wurde von einer bösen Ahnung ergriffen, er könnte ebenso wie Thyrsus und seine Gefährten vor den Richterstuhl des Riktius Varus geschleppt werden. Er fürchtete zwar nicht den möglichen Martertod, aber wenn er an das verwaiste Trier und seine liebe Tochter im zarten Alter dachte, dann kam doch eine große Bangigkeit über ihn. – Seine Ahnung war richtig. – Schon am frühen Morgen des nächsten Tages begehrten die Häscher des Präfekten bei des Palmatius Wohnung Eintritt. Sie verhafteten den Bürgermeister und dieser nahm Abschied von seiner Tochter. Allein sie ließ sich nicht abhalten, den Vater vor den Richterstuhl zu begleiten.

Schon wartete Riktius Varus auf sein Opfer und freute sich angesichts des bald fallenden Hauptes des Palmatius. Als dieser beim Präfekten angekommen war, sah er eine Säule errichtet mit dem geschmückten Bild des Jupiter, der in einer Hand die Donnerkeile schwang. Vor der Säule aber stand ein Altar, auf dem der Götzenpriester Weihrauch zu Ehren Jupiters verbrannte. Aber er erblickte zu seiner größten Überraschung auch noch die drei anderen Bürgermeister der Stadt vor dem Tribunal stehend. – Sofort befahl der Präfekt, den Göttern zu opfern – sonst müßten sie mit ihrem Tode rechnen. Die vier lehnten dies jedoch mit dem Hinweis ab, sie wollten gerne für Christus sterben und würden des Kaisers Gunst, wenn er das Opfer verlangte, mißachten. – Riktius Varus versuchte sie zur Darbringung des Weihrauches zu überreden. Es half nichts. Da sprach er das Todesurteil aus. Die Liktoren zwangen die vier Bürgermeister, sich auf den Boden zu knien und ihr Haupt auf vier zufällig daliegende Steine zu beugen. Dann sauste das Beil auf ihre Nacken und gleichzeitig rollten vier edle Häupter in den Sand, der sich vom Blut rot färbte. – Das Töchterlein des Palmatius aber stand beharrlich daneben. Dann rief es laut und vernehmlich: „Deine Götter sind lauter Lug und Trug. Du magst ihnen jetzt noch so viel Opfer darbringen lassen, so ist der Tag doch nicht ferne, daß ihre Bilder in den Staub sinken werden. Das Kreuz Christi jedoch wird auf herrlichen Kirchen über der Stadt leuchten. Du hast mir eben den Vater genommen. Hier stehe ich noch, töte auch mich, ich sterbe gerne für den, für den auch mein Vater gestorben ist.“ – Dann lief das Mädchen zum Leichnam ihres Vaters, kniete sich hin und hob den abgeschlagenen Kopf auf, der noch immer im Rasen neben den anderen drei Häuptern lag. Sie sah in die erstorbenen Augen des Märtyrers, küßte ihn auf die Stirne und rief ihn mit den zärtlichsten Namen, so daß alle, die herumstanden, von Mitleid gerührt wurden. – Nur Riktius Varus blieb unbewegt. Er rief seine Liktoren herbei und befahl ihnen: „In den tiefsten, dunkelsten Kerker mit ihr! Sie sehnt sich nach dem Tode – Wohlan, sie soll zur Strafe leben in dieser unaussprechlichen Kerkersnot." Die Soldaten schleppten das arme Menschenkind weg von der Leiche ihres Vaters. Schon versuchten einige aus der Menge, dies zu verhindern. Da hoben sie das Mädchen auf ihre Schultern und liefen in höchster Eile zum Kerker. Sie winkte noch den umstehenden Menschen beruhigend zu und freute sich, für Christus, wenn schon nicht zu sterben, so doch wenigstens für ihn zu leiden.

Die Engelspoort auf der Weberbach

Schlimme Tage waren über Trier gekommen. Die Soldaten der Thebäischen Legion waren hingemordet, die vier Bürgermeister enthauptet und die christliche Gemeinde in Angst und Schrecken versetzt worden. – Aber Riktius Varus gab sich damit nicht zufrieden. Er wollte schließlich alle Christen in den Tod jagen, um dann dem Kaiser nach Rom berichten zu können: „Deine Stadt Trier ist wieder eine Stadt ohne einen einzigen Christen!" – So ließ der Präfekt an alle Bürger folgenden Befehl ergehen: „Kommt alle sofort auf das Marsfeld und opfert den Göttern, die Altäre stehen dafür bereit! Wer sich aber diesem Befehl entzieht, der wird hingerichtet!" – Aber die Altäre blieben leer. Keiner der Christen zog aufs Marsfeld. Viele von ihnen drängten sich in die Kirchen, andere flohen in die Wälder, wieder andere blieben in ihrer Wohnung und warteten mutig auf die Henker der Heiden. Sehr bald jedoch brachen viele in Richtung Marsfeld auf, verweigerten öffentlich dort das Rauchopfer und fanden daraufhin den Tod durch das Schwert. Ihr Blut floß in die Mosel, so daß diese bis zur Märtyrerkapelle bei Neumagen rot gefärbt war. – In diesen schweren, dunklen oder doch so von Bekennermut erfüllten Tagen wohnte draußen vor dem Alttor die fromme Bäckerswitwe Agnes mit ihrem 14jährigen Sohne Favorinus und einem Säugling. Ihr Mann war vor kurzem verstorben und so wurde sie von der neuen Lebenssituation ganz in Anspruch genommen. Erst nach einiger Zeit hörte sie vom Martyrium der Christen in der Stadt. Leicht hätte sie nun fliehen können vor den Häschern des Riktius Varus. Aber sie tat es nicht. Sie wollte so leben und sterben wie viele andere Christen in der Stadt auch. Auch ihr Sohn war von derselben Gesinnung getragen. – Von der Sorge erfüllt, sie könnte um die Palme des Martyriums gebracht werden, eilte sie mit dem Sohne und dem Säugling auf dem Arme zum Marsfeld. Vor dem Alttor erschien ihr ein Jüngling – offenkundig ein Engel – und hielt sie mit den Worten auf: „Ihr braucht euch wirklich nicht so zu eilen. Ihr habt noch drei Tage Zeit, erst dann werdet ihr das Martyrium erleiden." Doch Mutter und Sohn erkannten nicht den Engel des Herrn und meinten, der Versucher stelle sich ihnen in den Weg, um sie vom Zeugentod auf dem Blutgerüst abzuhalten. Daher riefen sie: „Weiche! Du willst uns hindern in unserem heißen Wunsche, für Christus zu sterben. Wir kommen nie zu früh an diese Stätte." – Doch im selben Augenblick waren ihre Augen geöffnet und sie sahen, wie ein Engel Gottes mit einer Palme in der Hand vor ihnen stand. Jetzt munterte er sie mit den Worten auf: „Ich werde euch bald wiedersehen in des Himmels Höhen, angetan mit den weißen Kleidern des Lammes." – Nach diesen Worten ward der Bote Gottes nicht mehr gesehen. – Bestätigt in der Richtigkeit ihrer großen, stürmischen Sehnsucht eilten sie weiter zum Marsfeld. Dort bekannten sie sich zum christlichen Glauben und wurden sofort durch das Beil hingerichtet – selbst der Säugling entging nicht dieser Bestrafung. – Seit diesem Tag wurde das Alttor vom Trierer Volk „Engelspoort" genannt. Nach vielen Jahren seines Bestehens fiel dann die „Engelspoort" dem Zahn der Zeit zum Opfer. Die ehrwürdige

Basilika von St. Paulin jedoch bewahrt in drei Gemälden das Martyrium dieser drei Menschen für das Gedächtnis der Nachwelt auf. – Im Cunnetschen Bild über dem Eingang zur Sakristei werden diese drei Christen gezeigt, Schefflers Deckengemälde jedoch stellt zwei Phasen des Martyriums dar: Zunächst erscheinen Mutter, Sohn und Säugling auf dem Marsfeld, auf dem die Hinrichtung der Christen stattfindet, sodann werden wir die drei Märtyrer gewahr, wie sie nach überstandenem Zeugentod der himmlischen Herrlichkeit entgegenziehen: Der Knabe trägt eine, seine Mutter aber zwei Palmen, die größere für sich, die kleinere für den Säugling auf ihrem Arme, der selbst noch zu schwach ist, das Siegeszeichen zu tragen.

Der Stadtgeist von Trier

Auch Riktius Varus mußte einmal sterben. Ganz Trier atmete darob auf. Bei einem Spazierritt scheute sein Pferd, der Präfekt stürzte aus dem Sattel auf die Erde und zerschmetterte sich den Kopf. Alle Christen sahen darin eine Strafe für seine Greueltaten durch Verfolgung der jungen Gemeinde. – Aber Gott wollte diesen Statthalter offenbar noch weiter mit Strafe belegen – er ließ ihn als Stadtgeist durch Trier ziehen, nicht allerdings zum Schaden der Menschen. Vielmehr mußte er gegen sie gütig, ja demütig sein. Die Gestalt, in der er erschien, war verschieden: Einmal kam er als Tier, das andere Mal als Mensch. – So begab es sich, daß ihn einst der Bischof des Nachts quer über der Straße liegend antraf. – Da faßte er urplötzlich den Entschluß, Trier von diesem Geist ein für allemal zu befreien. Er schlug ganz groß das Kreuzzeichen über sich, packte den Unhold am Genick, steckte ihn unter seinen weiten Bischofsmantel und eilte mit ihm durch das Tor aus der Stadt hinaus. – Er gelangte in Windeseile bis zur Schweicher Fähre, stieg ins Boot und ließ sich übersetzen. Da sank dieses unter bis auf eine Handbreit Bord. – Der Fährmann sah den Trierer Oberhirten entsetzt und zugleich vorwurfsvoll mißtrauisch an und fragte: „Was hast du, Bischof, da unter deinem Mantel? Das muß ja gefährlich schwer sein – wenn das Fahrzeug noch weiter sinken sollte, dann mußt du dein Gepäck in die Fluten werfen, sonst gehen wir noch vollends unter und finden den Tod.“ Da hob der Bischof ein wenig seinen Mantel und darunter wurde die feurige Gestalt des Riktius Varus sichtbar. Ohnmächtig sank der Fährmann zurück. Der Bischof aber ruderte bis ans andere Ufer, stieg aus und trug den Bösen in den Meilenwald hinter Schweich, wo er seither umgeht, Trier aber verschont.

Der Geist des Kaisers im Palast

In den frühen Zeiten der christlichen Gemeinde in Trier stand an einem schönen Ort eine Kirche, der Himmelskönigin Maria geweiht. Sie war so schön, daß die Christen sie über alles liebten und unter gar keinen Umständen hätten missen können. – Eines Tages kam ein Kaiser nach Trier, der zwar dem Namen nach ein Christ war, aber sicher nicht in seiner innersten Herzensgesinnung. – Nachdem dieser Herrscher eine geraume Zeit bereits in dieser Stadt gewohnt hatte und alle Plätze und Ort kannte, wo ein neuer Palast in Pracht und Herrlichkeit hingebaut werden könnte, da entschied er sich eines Tages für den Ort, auf dem die Marienkirche stand. – Bischof und Gemeinde weigerten sich, ihre Kirche deshalb abreißen zu lassen – jedoch des Kaisers Macht und Wille siegten. – Es dauerte nicht lange, da sank das Gotteshaus in Schutt und Asche. An seine Stelle trat der Kaiserpalast. Er war so groß, daß in seinem Thronsaal selbst die Porta Nigra Aufstellung gefunden hätte. – Der Herrscher war ungemein stolz über diesen Bau und dachte, sein Name werde dadurch in die Geschichte eingehen. – Und in der Tat: Er ging ein, aber auf eine sehr unrühmliche Weise. – Nicht lange konnte der Kaiser sich seines Palastes erfreuen. Er fiel im Kampfe gegen seinen Feind. Sein Geist jedoch konnte keine Ruhe finden. In einem herrlichen Gewand, auf seinem Haupte eine edelsteinbesetzte Krone, Schild und Zepter in den Händen, so ging er müde von Saal zu Saal, alles mit gierig-stolzen Augen betrachtend und wertend zugleich. Wenn dann die große Uhr des Palastes des Nachts schlug, dann schlug er Zepter und Schild so hart zusammen, daß alle Gänge erdröhnten und die Menschen erschreckt aus dem Schlafe fuhren. Mit dem Hahnenschrei am frühen Morgen war das Ende des täglichen Rundganges gekommen. Der Geist stieg dort, wo der Turm stand, hoch zum Dache hinauf und schaute zornig-glühenden Blickes auf die Domtürme hinüber, auf denen das Kreuz Christi aufgepflanzt war. In dem Augenblick aber, da vom Petrisberg der junge Morgen aufzusteigen begann, ward der Geist nicht mehr zu sehen, noch zu hören. – So war der Geist durch die Jahrhunderte in der Nacht auf Wanderschaft inmitten seines ehemaligen Palastes. Auch dann noch, als alles nur mehr eine traurige Ruine war, mußte er zwischen den Trümmern „herumgeistern“ – und er wird erst dann von seinem Herumgeisternmüssen befreit werden, wenn an der Stelle des Kaiserpalastes wieder eine Kirche ersteht, deren Türme weit über das Trierer Land die Ehre der makellosen Himmelskönigin, der Schutzpatronin Triers, verkünden.

Das heilige Blut der Trierer Märtyrer

Einst war ein Mann aus Trier in große Sündenschuld gefallen. Er verzweifelte fast an deren Vergebung und so kam ihm eines Tages der rettende Gedanke einer Wallfahrt nach Rom. Dort angekommen, wollte der direkt zum Papst gehen und um die Vergebung seiner großen Schuld bitten. – So machte er sich denn auf den langen Weg in die Ewige Stadt. Nach dem Besuch der Apostelgräber pochte er an die mächtige Tür des päpstlichen Palastes. Alsbald ward ihm diese aufgetan und der Sünder trat vor den päpstlichen Thron. Mit der größten Offenheit bekannte er alles dem Heiligen Vater und dieser zeigte sich auch bereit zur Lossprechung. Nur eines sollte als Bedingung für diese Gewährung vorher noch geschehen: Der Pilger sollte in seine Vaterstadt vorerst noch einmal zurückkehren und dem Stellvertreter Jesu Christi eine Handvoll Erde aus Trier mitbringen. – So zog der Sünder gehorsam den langen Weg über die Alpen zurück, langte nach vielen Wochen gut in der Moselmetropole an und ging sogleich auf das Marsfeld. Dort grub er eine Handvoll Erde aus, legte sie in einen sicheren, kleinen Behälter und brachte sie dem Papst. Dieser nahm das Stück heiliger Märtyrererde ehrfürchtig und dankbar in seine Hände, richtete den Blick zum Himmel und sprach langsam und würdevoll die Worte: „Das ist das heilige Blut der Märtyrer, das auf trierischer Erde geflossen ist. Alle Trierer stehen in ihrer Huld, und auch dir wird Gott wegen der Verdienste dieser seiner Heiligen Verzeihung und Gnade gewähren. Geh nun hin und verkünde den Menschen aus Trier, was du gesehen hast. Sie sollen sich immer dessen bewußt sein und bewußt bleiben, daß sie auf heiliger Erde wohnen.“

Der heilige Maximinus und sein wundertätiges Grab

Schon in jungen Jahren kam der fromme und wißbegierige Maximinus aus Poitiers in Aquitanien nach Trier. Er hatte vom dortigen Bischof Agritius gehört, der die Gebeine des heiligen Apostels Matthias, den Nagel vom Kreuze Christi, den Leibrock des Herrn in diese berühmte Stadt an der Mosel übertrug. – Bald nach seiner Ankunft wurde Maximinus in den Trierischen Klerus aufgenommen. – Da erschien nachts einem gewissen Quiriakus ein Engel des Herrn und verkündete ihm, Maximinus werde dereinst Bischof von Trier. Es dauerte nicht lange, da wußte der greise Agritius bereits von dieser Geschichte und bestimmte daher kurz vor seinem Tode den jungen Kleriker aus Poitiers zu seinem Nachfolger. – Noch ganz jung auf dem Trierischen Bischofsstuhl begann Maximin, aktiv in das kirchliche Geschehen Galliens einzugreifen, weshalb er auch als Primas von Gallien angesehen wurde. So berief er eine Synode nach Köln ein, in der der dortige Bischof Euphrates wegen arianischer Ansichten seines Amtes enthoben wurde. – Dann reiste er mit dem heiligen Martin von Tours nach Rom, um die Apostelfürsten Petrus und Paulus zu verehren und den Papst zu besuchen. – In hohem Alter schließlich kehrte er in seine Heimat zurück und starb eines seligen Todes in seiner Familie. – Da wählten die Priester und das Volk von Trier Paulinus zu seinem Nachfolger. Alsbald ließ dieser die Gebeine seines heiligmäßigen Vorgängers nach Trier überführen. Allerdings: Die Christen aus Poitiers wollten dies nicht zulassen und so mußte ein Wunder geschehen, damit diese Überführung überhaupt stattfinden konnte. – Nachdem dies nun geglückt war, fand Maximinus in der Kirche des heiligen Johannes, des Evangelisten, der späteren Abteikirche von St. Maximin, seine letzte Ruhestätte. – Gar bald ereignete sich an diesem Grab ein erstes Wunder: Auf Grund fürchterlicher Regenstürze drang Wasser in die Gruft der Johanneskirche. Es erreichte eine Höhe von anderthalb Schuh, der Sarkophag des heiligen Bischofs jedoch blieb vom Wasser völlig unberührt. – Viele Jahre später pilgerte ein frommer Mann aus Aquitanien, der Heimat des heiligen Maximinus, nach Trier, um seinen Landsmann zu verehren. Allein, das altehrwürdige Kloster war samt seiner Kirche während des Normannensturmes in Schutt und Asche gesunken und die neuen Mönche waren gerade dabei, die gesamte Anlage neu zu errichten. – Der Pilger ließ sich nicht beirren und erklärte sich bereit mitzuhelfen, in der stillen Hoffnung, es könnte doch wohl sein, daß im Zuge dieser Arbeiten das verschollene Grab des Maximinus wieder zum Vorschein käme. – Wochen vergingen und alle arbeiteten im Schweiße ihres Angesichts. – Eines Tages jedoch, als der Mann aus Poitiers mit einem schweren Quader auf dem Rücken über die unbekannte Grabstelle des Bischofs ging, rutschte der riesige Stein von seiner Schulter, fiel auf den Deckel eines großen, antiken Sarkophags und zertrümmerte diesen. Da strömte edler Wohlgeruch aus der zerstörten Grabstätte und alle ahnten, daß nun ein Heiligengrab gefunden worden sei, wohl das Grab des verschollenen Maximinus. – Sofort wurde der ganze Vorgang dem

Erzbischof Ratbod gemeldet. Dieser, darob hocherfreut, ordnete für die ganze Stadt ein dreitägiges Fasten an. Dann zog er in großer Prozession und barfüßig zur Kirche des heiligen Johannes Evangelista. Dort angekommen, ließ er das Grab noch weiter öffnen. Siehe da: Vor aller Augen lag der tote Bischof Maximinus darin, angetan in herrliche Gewänder. Alles war noch unversehrt, so als ob erst vor einem Tage die Beerdigung stattgefunden hätte. – Nun kam eine große Zeit für dieses Grab und für viele Kranke und Notleidende Triers, denn Gott verherrlichte das Grab seines treuen Dieners in der neuen Maximinkirche durch zahlreiche Wunder, die sich fast täglich erneuerten. – Der Andrang dorthin war so groß, daß die Kirchentüren Tag und Nacht offenbleiben mußten. Selbst König Pippin brachte seinen Enkel Kunibert hierher, der von einem bösen Geist besessen war. Er fand in der Tat dort Heilung und Pippin bedachte das Kloster mit reichen Stiftungen. Heute existiert diese Abtei nicht mehr, Kriege späterer Jahrhunderte haben sie zerstört, die Unachtsamkeit Verantwortlicher ließ die wiederaufgebaute Kirche nachträglich wieder verkommen. Erst in jüngster Zeit scheint man sich eines Besseren zu besinnen. Ob aber dadurch die Verehrung des heiligen Maximinus wieder zum Leben erweckt werden kann? – Wir wissen es nicht, wir wollen es jedoch hoffen!

Der schwebende Sarg des heiligen Paulinus

Der heilige Bischof Paulinus von Trier war im Exil in Phrygien gestorben. Auf dem Konzil von Arles hatte er dem Ansinnen des Kaisers Konstantius widerstanden und die Gottheit Christi gegen die Lehre des Arius weiter verteidigt. Er war dadurch den Beschlüssen des großen ökumenischen Konzils von Nikaia im Jahr 325 treu geblieben. – Der Kaiser aber rächte sich an der Rechtgläubigkeit des Paulinus. Er zwang ihn, Trier zu verlassen und jagte ihn sogar weit über die Grenzen des römischen Reiches hinaus. Als Märtyrer des Glaubens der Kirche an die Gottheit Jesu Christi erlag er den harten Strapazen der Verbannung im Jahre 358. – Mochte auch der heilige Paulinus Tausende von Kilometern von seiner Bischofsstadt Trier entfernt verschieden sein – die Christen Triers konnten ihn nicht vergessen. – Als daher die Nachricht von seinem Tode an der Mosel angelangt war, schickten sie sogleich eine Abordnung von Christen nach Phrygien, um seinen Leichnam von dort nach hier zu übertragen. – Lange Verhandlungen waren nötig – endlich gaben die dortigen Christen die Überführung frei. – Nach langen und großen Strapazen kamen die Reliquien Paulins in einem einfachen Zedernsarg mit silbernen Beschlägen in Trier an. Bischof Felix ließ nun die sterbliche Hülle des Märtyrerbischofs in der Krypta von St. Paulin – damals noch der Gottesmutter geweiht – bei den Gräbern der Trierer Märtyrer zur Verehrung durch das Volk ausstellen. – Nachdem durch mehrere Tage ganze Scharen der Gläubigen aus Trier und Umgebung daran vorbeigezogen waren, wurden die einzelnen Skeletteile in kostbare Seidentücher verhüllt und wieder in den Zedernsarg gelegt. Dann wurde diese Kiste verschlossen und an eisernen Ketten, frei schwebend, aufgehängt. So schien es, als ob der heilige Paulinus von unsichtbaren Engelshänden über der Erde getragen würde. Schließlich schrieb man ihm zu Ehren eine große Inschrift rund um seine Grabstätte: „Wie schön sind hier mit dem Bischof der Feldherr und Patrizier vereint! Palmatius bringt die gallischen, Thyrsus die thebäischen Scharen! Jeder führt sein Heer, doch beide führt der Bischof." Mit dem Patrizier ist Palmatius gemeint, der als erster Bürgermeister Triers unter Riktius Varus das Martyrium erlitt, mit dem Feldherrn soll auf Thyrsus verwiesen werden, den Anführer der Thebäischen Legion, die ebenfalls in Trier unter Riktius Varus gemartert worden war. – Am Gründonnerstag des Jahres 882 fielen die Normannen in Trier ein und richteten eine schreckliche Verwüstung an. Sie drangen auch in die Krypta von St. Paulin ein, schlugen die Ketten ab, an denen der Sarg des heiligen Paulinus hing – und siehe, der Sarg verharrte freischwebend in der Luft. – Als dies die wilden Horden der Eindringlinge sahen, verließen sie fluchtartig Kirche und Kloster und betraten nie mehr diese Stätte.

Das Ende des Amphitheaters in Trier

Schon lange hatte das Volk von Trier keine Kämpfe in der Arena mehr erleben können. – Der Kaiser war viel weg und dachte ob seiner Kriegssorgen nicht an den Ruf der Menge: „Brot und Spiele." – Da kam der Tag, da er die Franken, die Trier bedrohten, zu besiegen vermochte. Der König der Franken jedoch wurde nicht getötet, sondern gefangen. Mit ihm nun wollte der Kaiser im Amphitheater ein großes Kampfspiel veranstalten. An das ganze Volk und an die höchsten Beamten erging die Einladung, ins Theater zu kommen. Auch Gäste von weither meldeten sich an und waren willkommengeheißen. Endlich war der ersehnte Tag gekommen. Alles strömte ins Amphitheater vor den Toren der Stadt. Die 30 000 Sitzplätze reichten nicht aus. Bald betrat der Kaiser selbst die Zuschauertribünen und nahm inmitten von festlichem Schmucke Platz. – Weit herum schweiften seine gierig-unruhigen Augen. – Endlich gingen die Tore der Tierzwinger auf und ein mächtiger Löwe betrat knurrend die Arena und peitschte den Sand wütend mit seinem Schweife. Schon drei Tage hatte man ihn hungern lassen. In seiner Gier versuchte er, die Absperrungen zu den Zuschauern zu überspringen und sich dort ein Menschenopfer zur Speise zu holen – aber es gelang ihm nicht. – Nochmals öffnete sich ein anderer Zwinger – und diesmal trat ein Mensch heraus, fürstlich und hoheitsvoll anzusehen: Der gefangene Frankenkönig. Ruhig schritt er in die Mitte, blieb dort stehen und schaute scharf in die Zuschauermenge hinein. Endlich erblickte er seinen Erzfeind, den Kaiser, warf ihm einen verächtlichen Blick zu und schleuderte ihm den Jagdspieß vor die Füße, so daß der Imperator erschreckt zurückfuhr. – In dem Augenblick aber hatte der Löwe den Fürsten entdeckt und stürzte auf ihn los. Der Franke aber blieb unbeweglich stehen und schaute dem Tier in die Augen. Da hielt der Löwe plötzlich inne, ging ganz sachte weiter, blieb nochmals stehen, begann, den König zu beschnuppern und stieß auf einmal in ein Freudengeheul aus, legte sich ihm zu Füßen und leckte seine Hände. – Was war geschehen: Der Löwe hatte in der Arena seinen Herrn gefunden. Der aber greift das Tier bei den Vorderfüßen, hebt es hoch und steckt seinen Kopf in den weitgeöffneten Rachen des Löwen. Atemlose Stille herrscht in der Arena. Das Tier jedoch beißt nicht zu, sondern verhält sich vollkommen still. – Da war es jedem in der Arena, selbst dem Kaiser klar, daß dieser Löwe in der Schlacht von seinem Herrn getrennt worden war und wie dieser in Gefangenschaft des Kaisers geriet. – Nun sollten beide sterben – aber beide hatten sich wiedergefunden und schenkten einander vor aller Augen das Leben. – Da begann die Menge zu toben und rief voll Begeisterung für den König und den Löwen: „Gnade, Gnade!" – Der Kaiser aber verfinsterte sein Gesicht noch mehr und war entschlossen, den Frankenkönig nun erst recht töten zu lassen. Er erhob sich und hielt den nach unten gestreckten Daumen hoch empor. – Da – die Wächter vor dem Eingang in die Arena weichen auf einmal zurück und es betritt der Bischof von Trier, angetan mit Mitra und Stab, den Kampfplatz. – Er stellte sich schützend vor den Frankenkönig, schaute unergründlich ernst zum Kaiser empor und verkündete mit Ehrfurcht gebietender Stimme: „Im Namen unseres Herrn Jesus Christus gebiete ich dir Einhalt in deinem frevelhaften Tun. Es ist nun genug Blut in vergangenen Zeiten hier geflossen. Christen und wehrlose Gefangene hast du hier ermorden lassen. Wehe dir, wenn du nicht von diesem Wege umkehrst! Unser Gott ist der Gott der Liebe! Aber sein Fluch wird über dich kommen, wenn du weitermachst, unschuldiges Blut zu vergießen!" – Dann schwieg der Bischof. Die ganze Arena war auf einmal still wie ein Grab. Staunen und Furcht hatte das Volk ob der Worte des Bischofs erfaßt. Der Kaiser war wie ohnmächtig in seinen Stuhl zurückgesunken. Schon wollte er sich erheben, um den Bischof in die Schranken zu weisen. Da überkam es ihn wieder, er stand langsam auf und hielt den erhobenen Daumen weit über sich. Der Franke ward frei. Das Volk jubelte. Der Kaiser aber stieg hinab zum Bischof und sagte leise: „Ich folge dir, mein Vater." Von diesem Tage ab war die Arena des Amphitheaters verödet. Das Kreuz Christi hatte über die Tempel der Götter in Trier gesiegt.

Hieronymus in der Höhle

Um das Jahr 370 kamen zwei junge Männer, Hieronymus und Bonosus, aus dem fernen, uralten Rom in die Moselmetropole. Schon viel hatten sie von dieser Kaiserstadt an der Mosel gehört. Ihr Ruf als Stadt alter Geschichte, herrlicher Bauten, einer lebendigen Christengemeinde hatte sie schon seit geraumer Zeit unwiderstehlich angezogen. – Nun ward ihr Wunschtraum erfüllt. Beglückt über all die Schönheit, die sie hier anzutreffen vermochten, nahmen sie sogleich Kontakt auf mit der christlichen Gemeinde und ihrem Bischof. Sie waren zutiefst beeindruckt von dem lebendigen Christusglauben dieser

Menschen, der in seiner ganzen Treue dem Dogma von Nikaia über die Wesensgleichheit des Sohnes mit dem Vater gegenüber aufstrahlte. – Da wurde der junge Hieronymus von solchem Drang nach Einsamkeit erfüllt, daß er die felsige Gegend jenseits der Mosel, dem ehrwürdigen Kloster von St. Marien zu den Märtyrern gegenüber liegend, aufsuchte, um sich hier für längere Zeit ganz dem Studium der Heiligen Schrift hinzugeben. – Bonosus überquerte mit ihm in einem einfachen Kahn die Mosel und stieg nun den bewaldeten Hügel hinan. Endlich hatten sie eine in den Sandsteinfelsen gehauene Höhle gefunden. Hieronymus machte sich eine zusätzliche Vertiefung in den weichen, rötlichen Stein, um dort seine wenigen, aber wichtigen Bücher aufzustellen. Bald verließ ihn Bonosus, sein Freund. Er war nicht für diese Einsamkeit geschaffen. Ihn zog es hinunter in die Stadt mit ihren Christen. Mit ihnen wollte er lebendigen Kontakt aufnehmen, in ihrer Mitte verlangte es ihn zu leben. – Nun war Hieronymus ganz allein. Da griff er nach dem großen, heiligen Buch der Schrift und begann, umgeben von Stille und angenehmem Vogelgezwitscher, darin in ehrfürchtiger Weise zu lesen. Und je einsamer es um ihn wurde, um so tiefere Erkenntnisse erhielt er. Manchmal besuchten ihn Christen aus der Stadt, darunter natürlich Bonosus, um ihm das Nötigste zum Leben zu bringen. Er war froh und dankbar, wenn diese kamen – aber ohne jede Träne ließ er sie jedesmal wieder ziehen, wußte er doch, seiner harrte wiederum der treueste Freund, die Heilige Schrift. Nach vielen Wochen des Lesens und Studierens in diesem heiligen Buch saß er wieder einmal des Abends vor seiner Höhle und sah versonnen und zutiefst mit Christus verbunden über die ehrwürdige Stadt hin ins weite, sanfte, ruhige Land. Da, auf einmal ergriff ihn der Geist Gottes besonders stark und er fühlte sich gedrängt, die Heilige Schrift ins Lateinische zu übersetzen und so das Buch der Welt zu schenken, das man die Vulgata nennt. Zusammen mit dieser Arbeit entstand dann auch die Chronik des heiligen Eusebius. – Als er aber sein Werk vollendet hatte, kehrte er wieder in die Welt zurück und ward dort der berühmte Kirchenvater. Bonosus jedoch mußte er in Trier zurücklassen. Dieser wollte die Stadt, die er so liebgewonnen hatte, nicht mehr verlassen. Sehr bald wählte ihn die Gemeinde zu ihrem Bischof. – Schon lange sind diese Zeiten vergangen, da Hieronymus und Bonosus in Trier weilten. Aber die Hieronymushöhle hält die Erinnerung an dieses Ereignis bis zum heutigen Tage fest.

Der heilige Augustinus – ein geistiger Sohn Triers

Im Simeonstore, auch Porta Nigra genannt, befindet sich auch das Bild des großen lateinischen Kirchenvaters Augustinus. – Dies kam so: Augustinus selbst erzählt in den sog. „Bekenntnissen", wie einst ein Afrikaner, Pontitianus mit Namen, zu ihm kam und folgendes sehr lebendig berichtete: Einst sei er, Pontitianus, der am kaiserlichen Hofe in Trier ein Amt innehatte, mit drei Gefährten am Morgen spazierengegangen. Der Kaiser saß bei den Spielen im Amphitheater. Die Wanderer nahmen ihren Weg in Richtung der „Gärten vor der Stadt", wo das heutige Heiligkreuz liegt. Bei ihren Gängen kamen zwei von ihnen an ein Haus, wo Diener Gottes wohnten, „die arm waren im Geiste und deren das Himmelreich ist". Auf dem Tische dieser geistlichen Gemeinschaft lag das Buch mit der Lebensbeschreibung des großen heiligen Antonius aus Ägypten. Sie ließen sich nieder und einer schlug dies Buch auf und begann darin eifrig zu lesen. Da, auf einmal, blitzte es gleichsam in ihm auf und er begann, seinem Kameraden, der mit ihm in die Stube getreten war, zu zeigen, wie sie sich doch nun schon seit vielen Jahren um die Freundschaft des Kaisers bemühten und es so schwer sei, diese zu gewinnen. Aber Christi Freundschaft sei noch um ein vieles wertvoller, ja, sei das Wertvollste überhaupt, was es hier auf Erden gäbe – und diese Freundschaft sei noch dazu so leicht zu erlangen, das wäre sofort möglich, da wären keine langen Wartezeiten vonnöten. Dann sagte er wörtlich: „Ich habe mich nun von jener irdischen Hoffnung abgewendet und den Entschluß gefaßt, Gott zu dienen, und dies will ich nun zu dieser Stunde und an diesem Orte in die Tat umsetzen. Wenn du mir aber da nicht folgen kannst, dann störe mich bitte nicht in diesem meinem Vorhaben." Aber während der eine so redete, hatte der andere auch schon den gleichen Entschluß gefaßt und so blieben beide in der Einsamkeit „in den Gärten vor der Stadt". – Da kamen nun plötzlich auch die anderen Freunde nach, traten ebenfalls in die Hütte und erfuhren sogleich, was geschehen war durch die Kraft der Gnade Gottes. Zu verständlich, wenn die beiden begeistert versuchten, die eben Angekommenen zu demselben Leben zu bewegen. Diese jedoch wollten nicht und kehrten nach kurzer Verabschiedung wieder in den kaiserlichen Palast zurück. – Um so fester hielten die beiden Zurückgebliebenen an ihrem Leben fest. Ihre Bräute, die von dieser Bekehrung erfahren hatten, bekehrten sich nun auch ihrerseits und weihten ihre Jungfrauschaft ganz Gott. – Nachdem Pontitianus dies alles dem großen Lehrer Augustinus in Mailand erzählt hatte, wurde dieser urplötzlich zuinnerst aufgewühlt und die „Bekenntnisse" berichten: „Der Sturm in seinem Innern löste sich in einem Strom von Tränen auf. Klagend rief er aus: ‚Wie lange noch? Wie lange? Morgen und wieder morgen? Warum nicht jetzt, warum nicht in dieser Stunde das Ende meiner Schmach?' Und sein Entschluß war gefaßt, allem zu entsagen, was ihn bisher an die Welt gefesselt hatte, um sich völlig dem Dienste Gottes und seiner Kirche zu widmen."

Ein Mönch von St. Marien wird eingemauert . . .

Wieder war es Mitternacht über Trier. – In allen Wohnungen war das Licht bereits erloschen – nur aus den hohen, schmalen Fenstern der Abteikirche von St. Marien zu den heiligen Märtyrern an der Mosel erstrahlte gedämpftes Licht. Ein müder Wanderer, der gerade an dieser Kirche vorüberging, hörte, wie drinnen die Mönche ernste Choräle sangen. – Was war denn das, Gesänge mitten in der Nacht – und die Neugierde verleitete ihn, das fast gespenstig anmutende Gotteshaus verstohlen zu betreten. Eingetreten sah er, wie da feierlich die heilige Messe gefeiert wurde. Am Altare stand der Abt, im Chorgestühl hatten die Mönche Platz genommen. Doch, „warum liegt da ein Mönch auf den Stufen des Altares?" so fragte sich der eintretende Mann. Aus der kurzen Predigt des Abtes wurde ihm alles klar: Ein Mönch aus diesem Kloster wollte noch einsamer leben als bisher in der Gemeinschaft der Brüder. Darum bat er den Abt, das Kloster verlassen zu dürfen, um in den Felsen, jenseits der Mosel, gegenüber seiner ursprünglichen Heimat, eingemauert zu werden. Seiner Bitte ward entsprochen und so feierte heute um Mitternacht die Mönchsgemeinde Abschied von ihrem einstigen Mitglied. Der Mönch aber, der wegziehen und sich einmauern lassen wollte, empfing nochmals die heilige Kommunion. Darauf warf er sich wieder auf die Stufen des Altares und verharrte in dieser Lage, bis die Bußpsalmen und die Allerheiligenlitanei über ihn gebetet worden waren. – Dann erhob er sich sehr

ernst, es bildete sich eine kleine Prozession von Mönchen mit dem Abt, an die Spitze trat der Einsiedler selbst, auf seinen Schultern ein großes, schweres Kreuz tragend. – Unter dem Gesang des „In Paradisum“, wie er bei einem Begräbnis üblich ist, begaben sich alle an das Ufer der Mosel. Dort wartete schon ein Boot mit zwei Klosterknechten und einem Priester in Talar und Stola. Unter dem Gesang des Klosterkonventes stieß der Kahn vom Ufer ab. Die Knechte hatten Fackeln in den Händen, so daß etwas Licht auf den stillen Fluß und die im Boote Sitzenden fiel. Die Mönche kehrten in ihr Kloster zurück. – Einstweilen langte das Gefährt am anderen Ufer an. Alle vier stiegen aus und erreichten nun der Reihe nach den Felsen. Oben angekommen betrat zunächst der Priester die Höhle und besprengte sie mit Weihwasser, auf daß alle bösen Geister daraus fliehen. Dann blieb der Einsiedler allein zurück. Hammerschläge hallten durch die finstere Nacht. Die Knechte waren dabei, den Mönch von St. Marien einzumauern. Nur ein kleines Fensterchen ließ man in der Mauer, damit etwas Licht hereinfallen konnte und es dem Einsiedler möglich sei, in heiligen Büchern, vorab der Heiligen Schrift zu lesen. Schließlich reichte ihm der Priester noch eine Geige durch die Öffnung, damit er sich die Schwermut vertreibe. – Bevor alle drei über die Leiter wieder herabstiegen, wurde noch ein weißes Kreuz in den frischen Mörtel eingedrückt. Es sollte weithin daran erinnern, daß hier ein Mensch der irdischen Welt abgestorben sei, aus reiner Liebe zu Gott. – Sehr bald jedoch verbreitete sich unter dem Volke die Rede, der Abt habe den Mönch wegen eines großen Verbrechens einmauern lassen. Dieser aber lebte hier manche Jahre in Gebet und Lesen heiliger Bücher. Bis zu seinem gottseligen Tode verließ er diesen Ort nicht mehr und war glücklich darüber, schon jetzt so Gott gefunden zu haben. – So ward der Kirche von Trier ein neuer Heiliger geschenkt.

Der heilige Martin vor dem Kaiser

Der weithin bekannte heilige Bischof Martin von Tours war beim Kaiser in Trier nicht gut gelitten. – Die Frau des Kaisers, die eine Arianerin war, hatte wohl ihren Gemahl gegen diesen heiligmäßigen Asketen in Gallien eingenommen. – Zwar hatte der Herrscher Martin kürzlich in seinen Palast in Trier gerufen – als dieser aber dann ankam, ließ er ihn wissen, er wolle ihn unter gar keinen Umständen empfangen. Wahrscheinlich ahnte der, Martin würde ihm seine Schandtaten vorhalten und überdies um Unterstützung des notleidenden Volkes bitten. – So blieben also die Tore für Martin verschlossen. – Da zog der Heilige ein Bußgewand an, streute sich Asche aufs Haupt, hielt ein dreitägiges Fasten und betete zu Gott inständig, er möchte doch das Herz des Kaisers erweichen. – Am siebten Tage erschien Martin ein Engel des Herrn und ermunterte ihn, ohne alle Sorge zum Palast des Herrschers zu gehen. Dieser gehorchte und siehe, es öffneten sich ihm die Tore von selbst und er konnte völlig frei bis an den Thron des Kaisers gelangen. – Dieser begann vor Wut zu schnauben, als er den Heiligen herantreten sah. Erfüllt von tiefster Verachtung blieb er sitzen und warf Martin verächtliche Blicke zu. – Plötzlich aber fuhr er auf – Feuer war unter seinem Thorn emporgelodert – Gott hatte ihn so zur Sinnesänderung gezwungen und jetzt umarmte er Martin in echter Zuneigung. Ja noch mehr: Er gewährte ihm alle seine Bitten. Das Wunder war geschehen und das Eis für immer gebrochen. Oft nun lud der Herrscher den Bischof zu sich nach Trier ein und fragte ihn um seinen Rat. Jedesmal wollte er ihn auch reichlich beschenken, doch Martin nahm nichts an, weil er immer an das Gelübde der Armut dachte. – Auch die Bevölkerung von Trier sah nun Martin des öfteren und war hocherfreut darüber, denn nicht selten wirkte er Wunder in dieser Stadt und befreite Kranke aus ihrer Not.

Der heilige Martin wirkt Wunder

In Trier lebte ein Mädchen, das von der Gicht ganz verzogen war. Es bestand keine Hoffnung auf Heilung. Der Vater dieser Schwerkranken dachte eines Tages in dieser Not an den heiligen Martin und seine Heilungswunder. – Da traf es sich, daß just in dieser Zeit der Heilige wieder in Trier zu Besuch war. So faßte der Vater Mut und ging in die Kirche, wo Martin mit Bischöfen und Volk zum Gebet versammelt war. Er trat vor ihn hin, fiel ihm zu Füßen und klagte: „Meine Tochter leidet an einer jammervollen Krankheit, die grausamer ist als selbst der Tod. Ich bitte dich, komm zu ihr, um sie zu segnen. Ich vertraue fest darauf, daß sie so durch dich ihre Gesundheit wiedererlangt." Doch der Heilige wehrte ab. Er sagte: „Ich bin nicht würdig, daß solche Wundertaten durch mich geschehen. Ich will Gott nicht zu solchen Wundern zwingen." – Doch der arme Vater gab nicht nach. Von neuem warf er sich Martin vor die Füße und bettelte um die gleiche Gnade. Da drangen die umstehenden Bischöfe in Martin, er möge doch die Kranke segnen. Endlich gab der Heilige nach und rüstete sich zum großen Krankensegen. Das Volk wartete vor der Kirchentür und hoffte mit dem Vater, das Wunder würde geschehen. Da ergriff Martin die gewohnten „Waffen", streckte sich auf den Boden und betete. Sodann befahl er, ihm Öl zu bringen. Er segnete es, goß von demselben etwas in den Mund der Kranken und brauchte kaum zu warten. Denn alsbald begann das Mädchen zu sprechen, Leben kehrte in ihren ganzen Körper und vor aller Augen erhob es sich, um herumzugehen. Das ganze Volk und alle Bischöfe sanken in die Knie und lobten Gott, der solche Wunder durch seinen Heiligen vollbringt. – Wenige Tage später ging Martin zu Besuch in das Haus eines Mannes und blieb an der Schwelle stehen. Er sagte:

„Ich sehe im Vorhof einen Dämon.“ Sofort befahl er ihm, sich davonzumachen. Jedoch dieser fuhr in eine Person, die gerade in der Nähe stand. Diese begann die Zähne zu zeigen und die Umstehenden zu beißen. Die Familie des Hauses geriet in panische Angst, die Nachbarsleute, die den Tumult hörten, ergriffen die Flucht. Da stellte sich Martin vor den Besessenen, der den Mund zum Biß weit aufsperrte. Dann hielt der Heilige den Finger in den Mund des Wütenden, aber dieser biß nicht zu. Nun befahl Martin dem Dämon, aus dem Menschen zu fahren. Unter großen Qualen verließ er den Leib, den er für kurze Zeit in seine Fesseln gelegt hatte. – Schließlich geschah in jenen Tagen noch ein drittes Wunder in Trier. Ein Sklave des Prokonsuls Tetradius wurde von einem Dämon erfaßt und schrecklich gequält. Wiederum wurde Martin gebeten zu kommen. Er jedoch antwortete: „Bringt den Mann zu mir.“ Daraufhin versuchten mutige Leute, den Besessenen aus seiner Kammer zu tragen. Dieser aber wehrte sich so dagegen, daß alle diesen Versuch entmutigt aufgaben. Nun berichteten sie dies Martin. Aber er wollte nicht kommen. Tetradius ging daher nochmals persönlich zum Prokonsul. Martin erklärte: „Ich kann nicht in das Haus eines heidnischen Menschen treten.“ Da versicherte ihm Tetradius: „Wenn du meinen Sklaven vom Dämon befreist, will ich mich zu Christus bekehren und die Taufe annehmen.“ Nun ging Martin mit, faßte den Armen bei der Hand und der böse Geist fuhr unter lautem Schreien aus. Tetradius faßte Glauben an Jesus Christus, wurde Katechumene und nach der vorgeschriebenen Vorbereitungszeit ließ er sich taufen. Nach dem Empfang dieses Sakramentes schenkte er dem heiligen Bischof sein Wohnhaus an der Mosel, das Martin in eine Kirche zum heiligen Kreuze umwandelte. Bischof Magnerich von Trier baute nach den Zerstörungen der Völkerwanderungszeit diese Kirche wieder auf, und es entstand daneben die Abtei St. Martin, die den Namen des großen Wundertäters aus Tours bis in unsere Tage hinein lebendig erhält.

Die Teufel verlassen Trier

Im 6. Jahrhundert lebte und wirkte in Trier der große Bischof Nicetius. Er baute den Dom und die Klöster wieder auf, die in der Zeit der Völkerwanderung zerstört oder zumindest sehr schwer beschädigt worden waren. In gleicher Weise, ja noch viel intensiver, kümmerte er sich um die geistigen Tempel, die lebenden Christen. Er galt als ein eifriger, strenger und zugleich herzensguter Seelsorger. Weder vor Hoch noch vor Niedrig hatte er Furcht. Er lobte, aber er konnte auch tadeln, wo es notwendig geworden war. – So redete er dem König Theoderich scharf ins Gewissen und forderte ihn auf, sich von seinen Sünden abzuwenden. Als dies offenbar nichts fruchtete, wandte sich Nicetius an die Höflinge des Herrschers mit der Drohung: „Gottes Wille wird geschehen – aber des Königs Wille wird nicht alles an Schlechtem vollbringen können, so lange ich Bischof bin und mich dem zu widersetzen vermag.“ – Bald darauf traf es sich, daß der König mit mehreren seiner Beamten, die von Nicetius wegen ihrer Verbrechen aus der Kirchengemeinschaft ausgeschlossen waren, in den Dom kam, um beim Gottesdienst anwesend zu sein. Da trat ihnen allen der Bischof entgegen und rief laut am Kirchenportal: „Heute wird hier keine heilige Eucharistie gefeiert, wenn nicht vorher die Exkommunizierten das Gotteshaus verlassen.“ Beschämt zogen diese mit ihrem König von dannen und Nicetius begann die Feier der heiligen Messe. – Auf diese und andere Weise machte so dieser geistliche Oberhirte dem Treiben des Teufels manche Beschwernis. – Mit der Zeit wurde dem bösen Feinde aber das Leben dieses frommen Mannes ausgesprochen zuwider. Er sann auf Rache und hetzte insgeheim den König Chlotar gegen den Bischof auf. Dieser hatte nämlich den Herrscher schon oft von den Sakramenten zurückgewiesen, weil er ein öffentlicher Sünder war. Da begann, durch Eingebung des Satans, der König, dem Bischof nach dem Leben zu trachten. Nicetius mußte fliehen und einige Zeit in der Verbannung leben. Schließlich starb Chlotar und sein Sohn Segebert rief den Verbannten nach Trier zurück. – Der Teufel war darüber zuinnerst erbost. Er schickte die Pest über die Stadt, so daß sehr viele Menschen sterben mußten. – Da flehte der Bischof unaufhörlich zum Herrn, er möchte doch diese Plage von den Menschen nehmen. Aber er rief nicht allein zum Herrn. Einer seiner Freunde, der große Venantius Fortunatus, war gerade in diesen Zeiten bei ihm – „als Verbannter“, der beim Bischof „ein Dach, als Hungernder Brot, als Nackter Bekleidung, als Müder Ruhe, als Fremdling Hoffnung gefunden hatte“. – Dieser nun unterstützte Nicetius in seinem Gebet für Trier und Gott erhörte ihre Bitte. Plötzlich hörte die Pest in Trier auf zu wüten. Als dies geschah, gab es oberhalb der Moselbrücke einen ohrenbetäubenden Krach, der die ganze Stadt erschrecken ließ. Aus diesem Getöse hörte man eine dröhnend-mächtige Stimme heraus sprechen: „Gesellen, was wollen wir weiter noch in Trier tun? – Seht doch: An dem einen Tor wacht der Bischof Eucharius, an dem anderen Maximinus, in der Mitte Nicetius. Wir können hier nichts mehr ausrichten und müssen diese Stadt ihrem Schutze überlassen.“ – Darauf raste ein wildes Heer von vielen Teufeln über die Stadt hinweg zum Grüneberg, hüllte ihn in Rauch und Flammen, spaltete ihn in der Mitte und fuhr schließlich in die Tiefe. – Nur ein Teufelchen verfehlte den Anschluß und der Grüneberg ward bereits wieder verschlossen. So blieb ihm nichts anderes übrig, als sich in einem Weinfaß zu verstecken. Von dort aus treibt es sich manchmal in Trier herum, besonders dann, wenn Wein und Viez in einem Jahre gut geraten sind.

Der heilige Willibrord gebietet der Seuche in St. Irminen

Als St. Irmina Äbtissin des Oerenklosters an der Mosel war, kam eine Pest über den ganzen Konvent. Eine um die andere Schwester wurde von dieser heimtückischen Krankheit befallen und starb schon binnen kürzester Zeit. Jeden Tag wurde eine am Klosterfriedhof beerdigt. – St. Irmina wußte nicht mehr ein noch aus. – Da drängten Arme und Hilfesuchende durch die Klosterpforte, damit sie Hilfe erführen, und im Kloster selbst wütete der Tod und ließ durch das tägliche Sterben der Schwestern nicht zu, daß den Notleidenden geholfen werde. – Schon oft war die heiligmäßige Äbtissin in die Kirche geeilt und hatte sich vor die Stufen des Altares mit dem großen Bilde der Himmelfahrt der Gottesmutter gekniet und Maria und alle Heiligen im Himmel um Hilfe bestürmt. – Den heiligen Bekenner und großen Trierer Bischof Modoaldus, den Gründer des Oerenklosters, hatte sie angerufen, die heilige Äbtissin Modesta, die Nichte Modoalds, hatte sie inständigst

gebeten, daß durch ihre Fürsprache bei Gott die Seuche hinweggenommen werde, und schließlich hatte sie sich auch an die heilige Gertrud gewandt, die Äbtissin von Nivelles, die aus Oeren hervorgegangen war. – Alles schien umsonst zu sein. – Anderswo, da halfen diese Heiligen, wie immer wieder die Kunde ging – nur hier, im Oerenkloster, geschah kein einziges Wunder! – Als die Heiligen nichts taten, bat sie die zwölf Priester an der Pfarrkirche von St. Paulus, die aufgrund einer reichen Stiftung in Kirche und Kloster ihren Dienst taten, die möchten doch Gott um die Abwendung des Unheiles anflehen. – Aber auch dann geschah nichts – die fürchterliche Krankheit wütete weiter und weiter. – Da kam auf einmal die überraschende Nachricht aus Echternach: „Der heilige Willibrord, der Friesenapostel, ist eben aus Utrecht hier eingetroffen.“ – St. Irmina blitzte der Gedanke auf: „Willibrord wird sicher kommen, wenn ich ihn darum bitte, und das Unheil vertreiben. Ich habe ihm geholfen und ihm einst alles gegeben, damit er in Echternach diese weltberühmte Pflanzstätte von Gebet und Kultur errichten konnte. Er wird mir die Bitte sicher nicht abschlagen.“ – Irmina konnte nicht mehr warten. Noch in derselben Nacht sandte sie einen Boten nach Echternach und ließ dem Heiligen sagen: „Komm schnell nach Trier – das Kloster Oeren ist in Gefahr.“ – Obwohl von der langen Reise aus Utrecht sehr ermüdet, brach er dennoch auf diesen Hilferuf hin sofort auf und kam früh am Morgen in St. Irminen an, feierte sogleich die heilige Messe, segnete Wasser, besprengte damit alle Räume und die Kranken, die er zum Vertrauen auf Gottes Hilfe ermunterte – und sogleich wich die Plage. – Für die ganze Stadt Trier war es nach diesem Wunder auch staunenswert, daß die Schwestern, die eben noch schwer krank gewesen waren, unmittelbar nach dem Ende der Seuche wieder ihre volle Arbeit an den Kranken und Notleidenden aufnehmen konnten. – Zu allen Zeiten, bis in unsere Tage hinein, blieb nun St. Irminen ein Ort der Barmherzigkeit, von dem immer wieder große Linderung von Nöten ausgegangen war und ausgeht!

Die toten Nonnen von St. Symphorian

Der heilige Bekenner und Bischof Modoaldus von Trier, der in den Jahren seines bischöflichen Dienstes, unterstützt durch den Frankenkönig Dagobert, viel zur Ehre der Trierischen Kirche getan hatte, war im Jahre 647 gestorben. Unter den Klöstern, die er gegründet hatte, sind Oeren und St. Symphorian bei St. Martin besonders nennenswert. – Die erste Äbtissin dieses auf den heiligen Märtyrer Symphorian geweihten Klosters war Severa, die Schwester Modoalds. Über 200 Jahre schon hatten die frommen Nonnen von St. Symphorian Gott im Gebet gedient. – Da kam in den Kartagen des Jahres 883 der Normannensturm über Trier. Schon vorher verbreiteten sich in der Stadt schreckliche Nachrichten über das Vorgehen dieser Barbaren gegen die Zivilbevölkerung, gegen Priester und Nonnen. – Da kam der Tag, an dem die Normannen unmittelbar an den Stadttoren von Trier erschienen. – Als die Kunde davon auch ins Kloster von St. Symphorian drang, zogen die frommen Schwestern ihre festtäglichen Gewänder an, begaben sich an das Grab des heiligen Modoald inmitten ihres Gotteshauses und verließen die Kirche nicht mehr. Sie verzichteten auf irdische Speise und nährten sich nur vom heiligsten Sakrament des Altares. Ununterbrochen flehten sie zu Gott, er möge sie doch vor den Gewalttätigkeiten der Angreifer bewahren. – Und in der Tat: Der Himmel half den Nonnen auf die Fürbitte ihres heiligen Stifters Modoald: Kein Normanne betrat das Kloster. Es schien, als hätten sie dieses Kloster vergessen und wären mit Blindheit geschlagen worden, wenn sie sich ihm näherten. – Nach 30 Tagen zogen die Normannen von Trier Richtung Metz ab. Als wieder Ruhe und Ordnung in die Stadt eingekehrt waren, aber in St. Symphorian keine einzige Schwester zu sehen war, wurden die Nonnen des benachbarten Klosters von Oeren unruhig und meldeten es dem Bischof. Dieser ließ unverzüglich die Tore der Anlagen und der Kirche öffnen. Als aber die abgesandten Priester des Bischofs in das Gotteshaus eingetreten waren und sich darin umsahen, merkten sie, wie alle Schwestern tot vor dem noch ausgesetzten Allerheiligsten auf dem Boden lagen. Sie hatten sich in ihrer Sehnsucht nach der Vereinigung mit Christus in der Eucharistie als Schutz gegen die Feinde so verzehrt, daß sie dabei an nichts anderes mehr dachten und verhungerten. – Im Lauf der Jahre verfiel das Kloster immer mehr, bis es schließlich nur mehr eine traurige Ruine war. – Die Kirche jedoch überstand noch viele, viele Jahre, und immer am Festtag des heiligen Symphorian kamen die Mönche aus dem nahegelegenen St. Martin und sangen feierlich das Stundengebet in der verlassenen Kirche. Dabei schien es jedesmal, als würden sich aus weiter Ferne die zarten Stimmen der einstigen Nonnen mit den Gesängen der Mönche für einige Stunden vereinigen. – Heute sind Kloster und Kirche bis auf den letzten Stein verschwunden. Gehetztes modernes Leben jagt über die breiten Straßen, die nun das einstige Gelände dieser ehrwürdigen Stätte überziehen. Nur die fromme Legende von den bis zum Tode anbetenden, frommen Nonnen hat alle Wechselfälle der Zeiten überstanden.

Der heilige Bonifatius vermag zu begeistern

Einst besuchte der heilige Bonifatius auf seiner Rückreise aus Friesland den heiligen Willibrord in Echternach. – Während Bonifatius und Willibrord einige Tage in Echternach beisammen waren, kam ihnen plötzlich der Gedanke, die heilige Irmina im benachbarten Trier zu besuchen. Sie war es ja, die vor geraumer Zeit ihre Villa in Echternach dem heiligen Willibrord geschenkt hatte und so zur Stifterin der Missionsschule geworden war. – Nach ihrer Ankunft im Oerenkloster wurden sie sehr gastlich aufgenommen. Dann geleitete die Äbtissin beide Heilige zu ihrer Schwester Adula, die nach dem Tode ihres Gatten im nahegelegenen Frauenkloster von Pfalzel ebenfalls Äbtissin geworden war. – Bonifatius feierte nun in der schönen Klosterkirche das heilige Opfer, wie er dies immer und ohne Ausnahme auf Reisen zu tun pflegte. – Nach der heiligen Messe wurden beide Missionare zum Mahle ins Refektorium eingeladen. Dabei las der Enkel Adulas, Gregor, ein aufgeweckter Junge mit 15 Jahren, aus der Heiligen Schrift vor. – Als die Lesung nach der Ordnung der Kirche durch ein Gebet, das der Knabe vortrug, abgeschlossen worden war, lobte Bonifatius den Vorleser und Vorbeter wegen seines schönen Lesens und Betens und fragte ihn dann abschließend: „Hast du auch wirklich ganz verstanden, was du da gelesen hast?“ – Gregor bejahte dies, aus Verlegenheit, und errötete, als er sich bewußt wurde, daß er eigentlich gelogen hatte. – Bonifatius merkte dies, verzieh es ihm aber sogleich und befahl dem Knaben wohlwollend, das Gelesene in seiner eigenen Muttersprache und mit seinen eigenen Worten nachzuerzählen. Da verstummte Gregor und gestand, er könnte dies nicht. Darauf verständnisvoll und großzügig Bonifatius: „So will ich es tun.“ – Nun begann der große Heilige, in einfachen Worten die Bibelstelle zu erklären. Seine Rede war so von Liebe und Wärme durchglüht, daß es schien, als würde der Heilige Geist Gottes aus ihm reden. Die Tischgenossen lauschten, ganz hingerissen, den begeisternden Worten. Am meisten aber wurde Gregor davon ergriffen. – Augenblicklich entschloß er sich, das Kloster zu verlassen und Bonifatius zu folgen. Er wollte sein Schüler und so tiefer in die Heiligen Schriften eingeführt werden. – Adula war sehr traurig darüber. – Gregor aber ließ sich nicht umstimmen. Fest und unnachgiebig sagte er: „Großmutter, wenn du mir kein Pferd gibst, auf dem ich mitreiten kann, dann will ich neben Bonifatius einherlaufen.“ – Die Äbtissin war verblüfft und zugleich stolz auf die Entschiedenheit, gab nach, schenkte ihm das schönste und stärkste Pferd, das das Kloster besaß und entließ ihn und die Heiligen mit den innigsten Segenswünschen. – Adula und Gregor sahen sich in diesem Leben nie mehr wieder. – Er aber war über 30 Jahre der treue Begleiter des heiligen Bonifatius, erlebte den Martertod seines Herrn und Meisters und wurde dessen Nachfolger in der Friesenmission. Als Bischof von Utrecht starb er dann, von allen verehrt und in Pfalzel unvergessen.

Der heilige Simeon in der Porta Nigra

Weithin berühmt war Erzbischof Poppo von Trier. Er sorgte für das Heil seiner Gläubigen, zugleich jedoch mußte er auch in den Krieg ziehen, um Trier vor Feinden zu schützen. Aber auch große Schäden waren immer wieder zu beheben, so daß er auch als der große Helfer von Kirchen und Klöstern bekannt wurde. – Als aber die bösen Zeiten der kleinen und größeren Kriege vorbei waren, da trieb ihn eine heiße Sehnsucht ins Heilige Land, um die Stätten Christi und seiner Mutter Maria zu besuchen und zu verehren. Dabei ward ihm ein Mönch aus dem Katharinenkloster am Sinai zum treuen Freund, Gefährten und Führer. Überall waren sie zusammen: In Nazareth, an der Verkündigungsstätte – in Betlehem, am Ort der Geburt Jesu Christi – auf dem heiligen Berge Tabor, da der Herr mit Petrus, Jakobus und Johannes verklärt worden war – auf Golgotha, der Stätte des Erlösertodes – an seinem heiligsten Grabe, wo Jesus Christus gelegen hatte und von wo er auferstand am Ostermorgen. – Schließlich kam der Tag der Abreise aus Jerusalem. Beide empfahlen sich Gott und nach vielen Stürmen und Unwettern trafen sie nach langen Wochen und Monaten wieder in Trier ein. – Der Erzbischof war seinem Mönch und Gefährten, Simeon, zu großem Dank verpflichtet. Dies verspürte er gerade jetzt nach dem glücklichen Ausgang der Pilgerfahrt. So sprach er eines Morgens zu Simeon: „Ich bin dir sehr viel schuldig, wünsche dir von mir, was du willst. Vielleicht willst du Abt werden, oder begehrst eine Stelle am Dom – ich will dir sehr gerne eine große Gnade gewähren.“ – Der fromme Mann jedoch senkte vor dem großen Oberhirten sein Haupt und bekannte: „Ich habe sehr viel in der Welt gesehen. Ich erfuhr den Niedergang und das Ende großer Karrieren. Ich habe mich nirgends wohler gefühlt als in einem Kloster, das du ja kennst, das Kloster der heiligen Katharina am Sinai. – Bitte gewähre mir eine schlichte Zelle im Turm der Porta Nigra. Dort will ich mich auf Tod und Himmel vorbereiten, dort werde ich durch mein inständiges Gebet Segen auf dich, die Stadt und das Bistum herabrufen.“ – Poppo war über eine solche Antwort bestürzt. Schon standen ihm die Tränen in den Augen. Er konnte es im ersten Augenblick einfach nicht überwinden, daran glauben zu müssen, daß Simeon nicht mehr an seinem Leben Anteil nehmen sollte. Zunächst versuchte er, ihn von diesem Entschluß abzubringen. Aber der Mönch blieb fest. Da gab Poppo nach. Er umarmte seinen Freund und geleitete ihn zur Porta. Dann stieg er mit ihm in den Turm, bis Simeon sich ganz oben eine Kammer als Zelle ausgesucht hatte. Nun wurden eilends Maurer aus der Stadt herbeigerufen, damit sie den Mönch in Anwesenheit des Bischofs einmauerten. Nicht lange dauerte ihre Arbeit. Nur in der Decke der Zelle wurde nach dem Wunsch des Heiligen eine kleine Öffnung zur Stillung der Bedürfnisse des Leibes gelassen. Diese Öffnung aber gestattete es ihm nicht, noch einmal einen Blick zu tun in die eitle, selbstsüchtige Welt. All dies geschah am 30. November des Jahres 1028. – Sieben Jahre noch lebte Simeon in der Porta Nigra – mitten über dem Getriebe der Menschen – und doch schon beinahe im Himmel. – Treu

NOSCE TE IPSUM

erfüllte er das Versprechen an den Bischof von Trier, für Stadt und Land, für Klerus, Volk und Bischof inständig zu beten. Als er den Tod herannahen fühlte, da ließ er Poppo nochmals rufen, damit er ihm die heilige Wegzehrung reiche. Noch in Anwesenheit des Bischofs starb er eines gottseligen Todes. – Kaum war er in die Ewigkeit eingegangen, da kamen schon Lahme, Verkrüppelte und Blinde, um an seinem Grabe Gesundheit zu erlangen. Und es geschahen bereits Wunder, als er noch gar nicht beerdigt war. Deshalb war das Begräbnis von ungewohnter Feierlichkeit und danach hörte man noch 30 Tage Lob- und Preisgesänge zu Ehren des Verstorbenen, der nun als der jüngste Heilige Triers gefeiert werden konnte. – Sein Grab fand Simeon in der Porta Nigra selbst. Poppo bewirkte, daß er sehr bald offiziell heiliggesprochen wurde. Über seinem Grabe ließ der Bischof eine großartige Doppelkirche errichten und gab ihr den Namen: St. Simeon. Das Tor der Kirche aber bekam als Zierde den längst vergessenen Wahlspruch des heiligen Einsiedlers:

„Nosce te ipsum – Erkenne dich selbst!“

Das Marktkreuz

Es sind nun schon tausend Jahre her, da zogen Kriegsscharen durch Deutschland und raubten und mordeten überall. – In Trier jedoch kümmerte man sich nicht um diese Gefahr. Im Gegenteil. Wein und Ernte waren ausnehmend gut geraten, was sollte man anderes tun, als sich daran aus vollem Herzen freuen und oft des Abends sich am köstlichen Trunk laben, bis man einfach nicht mehr konnte. – Doch Gott sandte in seiner Güte dieser so unbesorgten Stadt, die von einem Vergnügen in das andere taumelte, einen frommen Mahner. – Diesem erschien des Nachts im Traume ein Wunderzeichen. Vom Markusberg herab erschien über der Stadt ein Ungeheuer und drohte mit dem Untergang all ihrer Bewohner. – Von diesem schrecklichen Traume aufgewacht, lief der arme Mann noch während der Nacht zum bischöflichen Haus und pochte mehrmals an die mächtige Pforte. Endlich wurde sie geöffnet und der Trierer Bürger trat ernst vor den schlaftrunkenen Bischof mit den Worten: „Lieber Bischof, sende schnell dein Kriegsheer zum Markusberge, denn der Feind zieht heran und wird alles verwüsten.“ – Jedoch der Bischof glaubte dieser Unglücksbotschaft nicht, sei es, weil er noch zu neu in Trier Bischof war und die Situation nicht kannte – sei es, weil dieser Mann ihm zu wenig vertrauenswürdig erschien. – Aber der Mann ließ nicht nach, den Bischof um Hilfe zu bitten. Der wurde schließlich zornig ob der nächtlichen Ruhestörung und ließ dem „Eindringling“ die Türe weisen. – Da wurde

auch dieser sehr erregt und schrie laut: „Dreimal möge das Unglück über diese Stadt kommen.“ – Kaum hatte er sich seiner Worte besonnen, da klagte er von neuem: „Doch nein, ich rufe kein Wehe, gib Gnaden, wie bisher – nur laß an deine Zeichen, o Gott, sie glauben wie immer!“ – Gott erhörte sein Rufen. Sehr schnell stiegen schwarze Wolken am einstweilen hell gewordenen Himmel auf. Das Volk merkte dies und lief erschreckt zusammen. – Und dann geschah das Wunder: Plötzlich fielen vom Himmel zahllose flammende Kreuze herab. – Jetzt endlich wich der Zweifel an der Wahrheit der Mahnung des Mannes. Unverzüglich ließ der Bischof sein Kriegsheer Richtung Markusberg ziehen. Kaum war dies dort angekommen, da erschienen auch schon die wilden Scharen des Feindes. Tapfer kämpften die Soldaten des Bischofs und errangen den Sieg. – Der Bischof aber ließ eine dreitägige Sühneandacht in der Kathedralkirche abhalten und errichtete zum Dank für die Errettung ein Kreuz auf dem Markt. Dieses steht noch heute und trägt die Inschrift: „Zum Andenken an die Kreuzzeichen, die vom Himmel auf die Menschen herabgefallen waren, errichtete mich im Jahre der Menschwerdung des Herrn 958, im zweiten Jahre seines Episkopates, Heinrich, Erzbischof von Trier.“

Erzbischof Kuno von Trier stirbt den Martertod

Wiederum war der erzbischöfliche Stuhl von Trier verwaist. – Auf den guten und dringenden Rat des Kölner Erzbischofs Anno bestimmte Kaiser Heinrich IV. den Propst Kuno, seinen frommen und klugen Lehrer, dazu, die Leitung der Kirche von Trier zu übernehmen. – Kuno nahm die Wahl an und machte sich über die Eifel auf den Weg nach Trier. – Jedoch in Trier entstand großer Widerwille gegen Kuno. Einflußreiche Leute begaben sich zu dem leidenschaftlichen wie geldgierigen Grafen Theoderich und baten ihn, er möge doch den verhaßten neuen Erzbischof ermorden lassen. – Schließlich ließ er sich dazu überreden. Er sandte seine Landsknechte schwerbewaffnet nach Kyllburg, wo sich gerade Kuno befand. Diese drangen in das Haus ein, wo er nächtigte. Sie nahmen ihn gefangen und schleppten ihn auf die Urley bei Ürzig. Dort beraubten sie ihn seines gesamten Geldes, wobei der Statthalter einen großen Teil der Beute an sich zog. – Nach einigen Tagen schwerer Haft betraten einige Soldaten den Kerker und zogen dem Bischof alle seine Gewänder bis auf das Untergewand aus. Dann schleppten sie ihn auf die höchste Spitze der Urley hinauf und stürzten ihn die schroffe Wand hinab. Dabei riefen sie voll Hohn: „Bist du ein gottgeweihter und heiliger Mann, du erwählter Bischof von Trier, dann beweise es dadurch, daß du unversehrt aus der Tiefe zu uns zurückkehrst." – Und in der Tat: Der Leib des Bischofs gelangte, wie von unsichtbaren Händen getragen, unverletzt in der Tiefe an. – Zwar waren die Häscher darob aufs höchste erstaunt, sie wollten aber trotzdem darin keinen Fingerzeig Gottes sehen, denn ihnen winkte der Blutpreis für den Tod des Bischofs. – Daher führten sie Kuno von neuem auf die Spitze und warfen ihn wieder in den Abgrund. – Und siehe – auch diesmal blieb der Hirte heil. Sie versuchten es ein drittes Mal, aber es gelang nicht. – Von fürchterlicher Wut erfüllt stürzten sie sich plötzlich alle auf ihn und hieben so lange mit ihren Schwertern auf ihn ein, bis er starb. Sie bedeckten den Leichnam Kunos mit Dorngestrüpp und ließen ihn 40 Tage liegen. Aber kein Tier nahte sich ihm und er ging auch nicht in Verwesung über. Nach diesen Tagen kamen fromme Leute des benachbarten Dorfes Lösnich. Sie holten den toten Kuno von der Urley weg und begruben ihn mit allen Ehren vor ihrer Kirchentüre. – In diesen Tagen begab es sich, daß der Bischof Theoderich von Verdun zu Neville an der Maas am Festtage des heiligen Apollinarius, am 23. Juli, ein feierliches Amt hielt. Während der heiligen Handlung umflatterte eine weiße Taube ohne Unterlaß den Altar, darauf das heilige Opfer dargebracht wurde. Theoderich wurde dadurch sehr beunruhigt. Er hatte schon gehört von der Ermordung Kunos. Als nun die Wandlung kam, geriet er beim Gedanken an den toten Kuno so in Verzückung, daß niemand ihm sich zu nahen wagte. Nach Beendigung der Eucharistiefeier bemerkten alle, daß auf der Kasel des Bischofs einige Blutstropfen zersprengt waren. Auf die Frage nach deren Bedeutung antwortete Theoderich: „Ich habe den heiligen Kuno gesehen. Er hat mich gebeten, seine Gebeine an geweihter Stätte beizusetzen." – Sofort machte sich der Bischof von Verdun auf den Weg nach Lösnich. Wie durch einen Zufall bestimmt, war gerade der Abt von Tholey in Lösnich. So konnte Theoderich dem Abt sogleich seine Absicht mitteilen, den Leichnam Kunos in der Klosterkirche von Tholey bestatten zu lassen. – Als jedoch die Bevölkerung von Lösnich von diesem Plane hörte, wollten sie dies nicht zulassen. Sie fürchteten den Statthalter, der sich deswegen an ihnen rächen könnte. Doch Theoderich und der Abt ließen sich nicht beirren. Ihr Gefolge drängte einfach die sich widerstrebenden Leute zur Seite und öffnete die Grabstelle vor der Kirche. Kunos Leib wurde erhoben und in höchster Eile nach Tholey gebracht. Dort fand die Beisetzung in einem kostbaren Sarg statt. – Die Mörder des Erzbischofs fanden bald die gebührende Strafe. Nur einem wurde Gnade zuteil. Dies war der Hauptmann Volkard, der die Tat auf einem längeren Krankenlager bereute, beichtete und die Lossprechung empfing. Er verpflichtete sich zu einer jährlichen Zinszahlung nach Tholey, die er auch genau bis zu seinem Lebensende einhielt. – Auch der Statthalter von Trier wollte Verzeihung erlangen. So machte er eine Wallfahrt nach Tholey, aber eine unsichtbare Hand hielt ihn vom Zutritt an die Grabstätte zurück. Hierauf entschloß er sich zu einer Pilgerfahrt ins Heilige Land. Aber das Schiff ging mit allen Mannen im Sturm unter. Auch die anderen Landsknechte kamen auf verschiedene Weise tragisch ums Leben. Die Burg aber, in der Kuno gefangen gehalten worden war, sank wenige Jahre nach der Ermordung in Trümmer. Nur der Turm blieb erhalten, umrankt von Reben, die einen sehr edlen Moselwein spenden. Dieser Turm erinnert bis heute an die Stelle, an der Kuno einst von den Soldaten erschlagen wurde.

Die Teufelskirche

Im alten Rathaussaal in der Steipe zu Trier saßen die Ratsherren. Sie wälzten ein schweres Problem hin und her. Schon seit langem bestand nämlich der Plan, in der Porta Nigra eine schöne Kirche erstehen zu lassen. Nun lagen verschiedene Pläne dazu auf dem Tisch. Einer um den anderen wurde nach langem Hin und Her wieder zur Seite gelegt. Für keinen konnten sich die weisen Herren letztlich entscheiden. Dazu kam noch die Frage nach dem leidigen Geld. Die Errichtung einer großen Kirche in diesem alten Tor würde nämlich Unsummen von den kostbarsten Talern verschlingen – und diese Unsummen hatte niemand in der Stadt – oder wollte sie zumindest nicht dafür zur Verfügung stellen. – Schon war es fast so weit, daß der Rat den ganzen Plan endgültig aufgeben wollte, da trat, gleichsam im letzten Moment, eine äußerst häßliche, kleine Gestalt in Bauherrentracht in den Sitzungssaal. Dieses kleine, verwachsene Männchen hatte zuvor an die Türe gepocht, aber die Männer hatten noch nicht „Herein" gesagt, da stand der „Zwerg" schon „auf der Matte". – Auf dem Kopfe trug er ein Barett mit einer Hahnenfeder, seine Augen waren stechend, ja noch mehr: sie erschienen wie versengendes Feuer. Den linken Fuß zog er nach. – Nun denn: Die erschrockenen Ratsherren wurden von ihm feierlich-devot begrüßt. Noch ehe sie ihre Sache dem merkwürdigen Gaste vortragen konnten, erklärte dieser boshaft-bereitwillig: „Ehrwürdiger Rat von Trier! Ihr wollt wohl eine große Kirche hier in Trier erbauen. Es fehlen euch aber die geeigneten Pläne und das nötige Geld. Beim Himmel und der Hölle: Beides kann ich euch einer glücklichen Lösung zuführen. Den Plan habe ich bereits mitgebracht, und Geld braucht ihr mir zur Durchführung desselben bei Gott nicht geben. Das hab ich selbst in Hülle und Fülle. Nur eines erbitte ich von euch: Der erste Gläubige, der in dieser neuen Kirche die Knie beugt, der soll mir mit Leib und Seele zu eigen sein. Wenn aber die Kirche nicht Schlag zwölf in der Christnacht fertig ist, dann sei euch die Ausführung auch dieser Bitte selbstverständlich erlassen. Und noch eines verspreche ich: Ich werde die beiden Torflügel des Kapitols in Rom bringen und sie als Türen eurer neuen Kirche verläßlich einbauen." – Dann entfaltete der kleine Mann den Plan für die Kirche vor aller Augen. Ein Erstaunen ging durch die Reihen, als sie den herrlichen Entwurf sehen konnten. Kaum war alles kurz auf seine Einzelheit hin geprüft, da riefen sie einstimmig: „So und nicht anders muß diese Kirche werden. Nur so ist sie wert unseres alten Trier." Zwar hatten die Ratsherren einstweilen in diesem „Eindringling" den Teufel in Person erkannt, aber ihre Faszination über die neue Kirche war so groß, daß sie einfach den Pakt schließen mußten, ob sie es eigentlich wollten oder nicht. Dieser ward alsbald mit Unterschrift und Siegel bekräftigt. Das wertvolle Dokument aber steckte der Satan unter höhnischem Lächeln sofort ein und war auf der Stelle weg, einen üblen Geruch von Pech und Schwefel zurücklassend. – Am anderen Morgen bereits begannen die Arbeiten. Die Gesellen sprachen kein Wort, wohl aber verrichteten sie ihren Auftrag schnell und fleißig. Nur selten wurde Pause gemacht, dann aber floß Wein in Strömen. – Die Bewohner Triers sahen wohl, wie alles voranging und die Kirche immer größer und größer wurde. Zwar reizte sie die Neugierde, einmal in diesen weiten Bau einzutreten, jedoch keiner wagte dies dann wirklich zu tun, weil es in der Stadt hieß, der hohe Rat bürge nicht für Leib und Leben derer, die solches wagen würden. – Weihnachten war inzwischen immer näher gerückt. Das Gotteshaus war eigentlich fertig – nur die Türen aus dem Kapitol in Rom fehlten noch. – Die Ratsmitglieder waren stolz auf diesen Bau, zugleich ergriff sie großer Schrecken, wenn sie an den Preis dachten. – So gingen sie dann an einem Adventtag zum Bischof und klagten ihm ihr Leid. Sie baten ihn, ob er nicht in der Christnacht Punkt zwölf die Kirche weihen könnte, um sie von dem Höllenspuk zu befreien. Er sagte zu und gab der Hoffnung Ausdruck, ob nicht vielleicht doch der Teufel sich um eine Minute verspäten könnte. – Am Morgen des 24. Dezember tobte auf dem Markusberg am Standbild des Apollo ein Sturm, daß alle Bewohner Triers erzitterten. Blitz und Donner gingen nieder, und eine riesige Rauchwolke stieg auf. Unmittelbar darauf erhob sich aus ihr der teuflische Baumeister und raste mit seinen Gehilfen gen Rom, um die Türflügel vom Kapitol eilends zu holen. Es war bereits allerhöchste Zeit. Von Rom kehrte er sofort damit zurück, mußte aber auf dem Montblanc eine kurze Ruhepause einlegen. Während er dasaß und sich schon auf sein Opfer in Trier freute, öffnete sich plötzlich der Himmel, und die Gottesmutter Maria schwebte, von herrlichem Glanze umhüllt, begleitet von musizierenden Engeln, an ihm vorbei. Nur einige Minuten mußte er sich hinter einer eisbedeckten Zinne des Berges verbergen, so wurden seine Augen von den Strahlen Mariens geblendet. Darüber vergaß er auch,

wenngleich für ganz kurze Zeit, seinen Auftrag für Trier. Kaum war der Glanz verschwunden, da erinnerte er sich seiner Kirche in Trier, begann die Faust zu ballen wegen der von Gott erwirkten Verzögerung, und im selben Augenblick hörte er auch schon vom Tale her die Weihnachtsglocken erklingen. Jetzt erfüllte ihn glühender Haß, und er versuchte mit allen Kräften Trier noch zur rechten Zeit zu erreichen. Doch er kam um einige Minuten zu spät. Der Bischof war bereits in die Kirche eingezogen und hatte sie mit geweihtem Wasser besprengt und die Gläubigen mit der weltberühmten Kreuzespartikel gesegnet. Der Teufel war überlistet. Wutschnaubend kreiste er über dem Kirchendach. Dann endlich warf er die beiden Türflügel auf das Kirchendach herab, daß es im Augenblick einstürzte und in der Kirche selbst am Altare alle Kerzen erloschen. Da hob der Bischof in der großen Dommonstranz den heiligsten Leib des Herrn zur öffentlichen Verehrung hoch empor. Niemand in der Kirche wurde durch den Wutanfall des Teufels verletzt. Alle kamen mit einem großen Schrecken davon. – Nach Beendigung des Gottesdienstes strömte das ganze Volk ins Freie, um zu sehen, was geschehen war. Aber niemand konnte irgend etwas erblicken. Vielmehr war alles ruhig. Die Sterne am Weihnachtshimmel leuchteten heller denn je, und von den Türen des Kapitols ward nirgends mehr etwas gesehen. – Als jedoch der damalige Bürgermeister, der eigenartigerweise den Namen Teufel führte, am Morgen des 25. Dezember an der Kirche in der Porta Nigra vorbeiging, da fand er eine Klaue, die dem Teufel abgerissen worden war, als er die Kapitolstüren herabschleuderte. Er ließ diese in ein Horn fassen, das er an der Mauer der Simeonskirche aufhing. – Dieses Horn, das man auch die „Teufelsklaue" nannte, bestärkte die Trierer noch mehr, daß die Kirche in der Porta Nigra vom Teufel erbaut worden sei.

Die Zauberstiefel von Pfalzel

In Pfalzel stand einst ein weltberühmtes Frauenkloster. Die fränkische Königstocher, die heilige Adula, hatte es einst gestiftet und mit reichen Pfründen ausgestattet. Dort konnten die Nonnen ungestört und ohne Sorgen Gottes Lob singen und ein sehr kultiviertes Leben führen. Auch waren sie den schönen Künsten zugetan und manches edle Werk entstand durch ihren künstlerischen Sinn unter ihren feinen Händen. Dieser Ruf einer Stätte des Gebets und der künstlerischen Betätigung zog auch hohe Gäste an, die alles bestaunten und manches in Auftrag gaben. – Mit der Zeit jedoch wurden viele Nonnen hochmütig und eitel, weil sie so von vielen geistlichen Würdenträgern gesucht und um Arbeiten gebeten wurden. – So kam auch eines Tages Erzbischof Poppo von Trier nach Pfalzel. Er hatte von einer Schwester gehört, die besonders gut die Nadel führen konnte. Sie wollte er um die Herstellung von einem Paar Stiefel bitten, passend, wenn er an den höchsten Feiertagen zum Altare im Trierer Dom schritt. Er übergab ihr dazu einen sehr kostbaren, mit Seide und Pelz besetzten Mantel. Aus diesem sollte sie ihm die Stiefel machen. – Die Nonne machte sich unverzüglich an die Arbeit und arbeitete Tag und Nacht an ihrem Auftrag. Niemand durfte ihr bei der Arbeit zusehen und das Ganze war merkwürdig geheimnisumwittert. – Endlich, am Karsamstagmorgen, ließ sie die Stiefel in aller Frühe an der Türe des bischöflichen Hauses in Trier abgeben. – Zum bevorstehenden Osterfest waren Prälaten und Ritter beim Erzbischof zu Gast. Sogleich wurden ihnen die Stiefel gezeigt und sie lobten alle die feine Ausführung. Nun wollte Poppo nicht länger warten und zog sich vor aller Augen die Stiefel an. Kaum stand er darin, da durchloderte ihn höllisches Feuer und er spürte die heiße Begier teuflischer Verführung. Schweigend zog er sie schnell wieder aus und reichte sie wortlos einem anderen Prälaten zur Probe. Auch dieser machte dieselbe Erfahrung, und so wanderten die Stiefel von Hand zu Hand. Schließlich bekam sie ein Ritter zum Anziehen. Als dieser ebenso von der Leidenschaft erfaßt wurde, nahm er dies nicht so schweigend hin wie die Prälaten vorher. Er packte die Stiefel und warf sie in hohem Bogen in die Ecke. Dann brüllte er in die vornehme Klerikergesellschaft hinein: „Schockschwerenot! Diese Dinge treiben mir ja die Glut der Leidenschaft bis in die Fingerspitzen. Bin ich denn zum Osterfest nach Trier an den bischöflichen Hof gekommen, um hier Verführungen ausgeliefert zu werden? Wer ist die Verführerin, die diese Zauberei ins Werk setzte? Ihre Höllenkünste sollen ihr teuer zu stehen kommen!" – Alle stimmten dieser Anklage bei und Poppo gab sofort den Namen der Nonne preis, die die Stiefel verfertigt hatte. Dann fügte er hinzu:

„Und ich werde nun das Kloster in Pfalzel gründlich säubern." Sehr rasch stellte sich heraus, daß der Konvent fast ganz verseucht war. – Die Nonne, die die Stiefel gefertigt hatte, mußte sofort ihren Schleier ablegen und wurde mit Schimpf und Schande verjagt. Die anderen Nonnen mußten sich auf verschiedene andere Abteien verteilen, wo sie in strenge Ordenszucht genommen wurden. – In Pfalzel aber sangen nunmehr Chorherren das Lob Gottes beinahe tausend Jahre lang.

Die Schwalben im Trierer Dom

Ein prächtiges Pontifikalamt wurde eben im Dom zu Trier gefeiert. Erzbischof Egbert stand am Altar. Der päpstliche Legat wohnte der Messe bei. Viel Volk war aus der Stadt zum Gottesdienst gekommen. Es war nun nach dem Lauf der Liturgie Zeit zur Präfation. – Egbert wollte eben mit seiner prächtigen Stimme zu singen beginnen, da flogen wohl etwa zwölf Schwalben beim offenen Chorfenster in den Dom herein und begannen, den Bischof am Altare förmlich zu umschwirren. – Zunächst versuchte Egbert, mit seiner Stimme ihr Gezwitscher zu übertönen. Aber vergeblich. Die Schwalben wurden immer lauter und lauter. Egbert blickte zwar empört zu ihnen empor, aber es half alles nichts. Mit Mühe und Not konnte er das feierliche Amt beenden. Noch bevor er den Altar verließ, zeigte er, nachdem er den Schlußsegen gespendet hatte, auf die Schwalben und rief mit vernehmlicher Stimme: „Ihr Schwalben, weil ihr mich im Dienste des Allerhöchsten gestört habt und mich im andächtigen Beten so verwirrt habt, verbiete ich euch im Namen Gottes, nochmals euer Spiel zu treiben. Kommt jemals wieder eine von euch in den Dom, dann falle sie sogleich zur Strafe tot nieder." Sofort fielen alle Schwalben leblos zu seinen Füßen herab. – Solange Egbert Erzbischof von Trier war, kam keine Schwalbe mehr in den Dom, so sehr fürchteten sie den strengen Egbert, der nie gestört werden wollte, vor allem nicht in der heiligen Messe.

Der Ring des Bischofs

Einst stand Erzbischof Arnold auf der alten Römerbrücke. Er schaute in Gedanken versunken in den langsam dahinfließenden Strom der Mosel. Kummer plagte ihn. Er hatte nämlich vor seiner Bischofsweihe als junger Offizier ein leichtes, flottes Leben geführt. Er hatte das alles schon vielfältig gebüßt. Dennoch: Immer wieder kamen ihm die Gedanken, ob ihm Gott wohl vergeben habe. Schließlich hielt er es nicht mehr länger aus. Er streifte seinen goldenen Bischofsring vom Finger, warf ihn von der Römerbrücke in den Fluß und sagte dazu seufzend: „Kehrst du, Ring, in Jahresfrist zurück in meine Hände, so soll mir das ein Zeichen sein, daß sich Gottes Zorn gewendet hat und meine Schuld mir vergeben ist." – Das Jahr nahm seinen Lauf. Langsam neigte es sich dem Ende zu. Der Ring ward nicht gesehen. Arnold wurde immer unruhiger. Er begann mit langen Fastenübungen, kasteite sich immer mehr und hörte gegen Jahresende fast überhaupt auf, etwas zu essen. – Seine Priester und die ihn näher kannten, nahmen mit Trauer an dieser quälenden Unsicherheit Anteil. Da – endlich: Am letzten Tag des Jahres, als der Bischof keine Hoffnung mehr hatte, stürmte der Koch zu seinem Herrn ins Arbeitszimmer und rief laut: „Herr Bischof, Herr Bischof, euer Ring! Er ist da, seht doch, ich trage ihn in meiner Hand. In einem Hecht, den ich eben vom Markt brachte, fand ich ihn." – Da sprang der Bischof auf und sagte bewegt: „Gott sei Dank." Von dieser Stunde an ward er gesund an Leib und Seele und konnte wieder ungehindert arbeiten. – Sogleich ließ er sich den Festornat anlegen und eilte in den Dom, in dem gerade eine große Menge Volkes sich versammelt hatte. Er stieg auf die Kanzel und verkündete, wie Gott ihm gnädig sei. Dann bat er alle, mit ihm in das große „Te Deum" einzustimmen. Nie hörte man das Volk so laut mitsingen als jetzt. Und es ist auch ganz verständlich, denn Arnold war bei allen ob seiner Güte sehr beliebt und angesehen. Sie freuten sich über die Befreiung des Bischofs von großen Ängsten und Ungewißheiten.

Der Steinbruch der Liebfrauenkirche

Liebfrauen zu Trier ist in der Tat der schönste Kirchenbau in dieser Stadt. Im Grundriß einer zwölfblättrigen erschlossenen Rose gleich, ist sie Symbol der Gottesmutter als der „Rosa mystica“, der „Mystischen Rose“. – Als sie vor vielen Jahrhunderten vor den erstaunten Augen der Trierer erstand, kam der Tag, da der letzte Stein aus dem Zewener Bruch geschlagen werden sollte. – Schon am frühen Morgen machten sich die Gehilfen des Baumeisters an die Arbeit, denn alle sehnten sich danach, den Bau von Liebfrauen nun endlich ganz vollendet bestaunen zu können. – Mit Hammer, Pickel und Hebeeisen ging man ans Werk. Kaum war der Stein herausgebrochen, da machte sich ein fürchterliches Dröhnen im Innern des Bruches bemerkbar. Es schwoll immer mehr an, Flammen fuhren aus der Tiefe und züngelten die Felswand empor. – Da wurden alle Arbeiter von panischer Furcht ergriffen. Sie ließen alles liegen und stehen und suchten das Weite. Als der letzte den Arbeitsplatz verlassen hatte, dehnten sich die Felsen auf einmal auseinander und stürzten krachend in die Tiefe. Rauch quoll nur mehr aus diesem fürchterlichen Abgrund empor. – Da fielen die Gehilfen mit ihrem Meister auf die Knie und dankten der Gottesmutter für ihren Schutz und ihre Hilfe. – Allen war es klar: Der Hölle Zorn über den Bau dieser wunderschönen Marienkirche hatte dies bewirkt – Gott aber hatte der Hölle Zorn gewähren lassen, weil er nicht wollte, daß das Gestein des Zewener Bruches noch zu einem anderen Bau verwendet würde. Nur dem Preise Mariens sollte er gedient haben.

Dominikus von Preußen in der Trierer Kartause

Dominikus war der hoffnungsvolle Sohn armer und frommer Eltern in Polnisch-Preußen. Als sein Vater starb, wurde er einem Dominikaner zur Erziehung übergeben. Der Mönch konnte die Talente des Jungen zur Entfaltung bringen. Zugleich war seine Frömmigkeit beispielhaft. Der Weg auf die Universität schien offen. Dominikus wählte die Hochschule von Krakau zu seiner Ausbildungsstätte. Hier jedoch kam er in schlechte Gesellschaft. Sowohl in den Studien als auch in seinem religiösen Leben sackte er immer mehr ab. Schließlich verließ er die Universität und begann das Leben eines Vagabunden. Mit Juden und Christen zechte er und bei allen Torheiten ward er gefunden. Um etwas Geld für seinen Lebensunterhalt zu verdienen, gab er Nachhilfeunterricht und betätigte sich dann auch als Schreiber. Aber kaum hatte er wieder etwas Geld verdient, da gab er es schon wieder aus. – Eines Tages kam ihm der Gedanke, nun doch endlich einen Schlußstrich zu ziehen unter dieses Leben und ein neues in einem Kloster zu beginnen. Eben 21 Jahre geworden, bewarb er sich um die Aufnahme in das Kartäuserkloster in Prag. Die Väter des Konvents stellten ihm die Strenge der Ordensregel vor Augen. Seine Freunde versuchten ihn mit allen Mitteln vom Eintritt abzuhalten. So ließ er diesen guten Vorsatz sehr bald fallen – und sein Leben wurde schlimmer als zuvor. Es kam sogar so weit, daß ihn Zauberei und Teufelsbeschwörung zu interessieren begannen und er sich darin des öfteren versuchte. Auch vor Gottesschändung scheute er nicht zurück. – Eines Tages begab er sich in eine Kirche, um sakrilegischen Unfug zu betreiben. Da trat plötzlich eine Frau an ihn heran. Sie war von Ehrfurcht gebietendem Äußeren. Auch schien sie vornehmen Standes zu sein. Sie sah Dominikus flehentlich an und sprach: „Mein Sohn, ich bitte dich um der Liebe Gottes willen um ein kleines Almosen für einen kranken Menschen. Dafür verspreche ich dir, daß Gott dich von allen Nöten erlösen möge." – Dominikus war zutiefst betroffen. Wie konnte nur eine so edle Dame ihn beinahe kniefällig um ein Almosen bitten? In seinem Innersten jedoch regte sich eine eindringliche Stimme, die ihn beinahe unwiderstehlich drängte, der Bitte der Frau reichlich zu entsprechen. – So öffnete er schnell seinen Beutel und schenkte ihr seine ganze Barschaft. Die Dame strahlte über das ganze Antlitz, bedankte sich und ward nicht mehr gesehen. – Dominikus aber wandelte weiterhin auf schiefer Bahn. – Eines Tages kam er nach Trier. Er besuchte, schon aus Langeweile, verschiedene Kirchen. So gelangte er bis vor die Mauern der Stadt und sah die mächtige Abtei von St. Matthias vor sich liegen. Er durchschritt das Klostertor und öffnete bald das Portal der Kirche. Dort trat er, wie von einer unsichtbaren Hand geführt, vor den Marienaltar mit dem Gnadenbild der Mutter des Erlösers. Da erkannte er urplötzlich, daß dies die Frau war, die ihn vor Jahren um ein Almosen angebettelt hatte. Nun war ihm sein ehemaliger Entschluß urplötzlich klar: Er fühlte sich berufen, in ein Kartäuserkloster einzutreten und lenkte alsbald seine Schritte zur Kartause von St. Alban. Diese war vor dem Neutor gelegen, auf dem Wege gegen

Heiligkreuz. Als ihm die Klosterpforte geöffnet ward und er seinen Entschluß offenbart hatte, schilderte ihm der Vorsteher wiederum die ganze Strenge dieses Lebens: Kein Genuß von Fleisch, Verbot des Gebrauches von Öl, Butter und Fett, strengstes Fasten in der Zeit vom Feste der Kreuzerhöhung bis Ostern. Dazu kamen noch beständiges Stillschweigen und Nachtruhe auf einem harten Bett. – Als Dominikus immer noch eintreten wollte, bat ihn der Prior, einem betagten Pater aus dem Karmeliterkloster seine Lebensbeichte abzulegen. – So eilte er zu den Karmeliten, traf den Priester an, beichtete ihm alles und war sehr erschüttert, als dieser dann in Tränen ausbrach. Nun sprach er zu sich selbst: „Siehe, ein anderer weint um deiner Sünden willen! Bist du denn ein Hund, daß du sie nicht auch selbst beweinst?“ – Dann warf er sich zu Boden und verharrte so eine Stunde lang. Hierauf kehrte er zum Beichtvater zurück und empfing von diesem die Lossprechung. Sein Beichtvater aber empfahl dem Prior der Kartause, Dominikus als Novize aufzunehmen. Noch manche Stürme suchten den Novizen und Frater heim. Aber er hielt stand und wurde gleichsam ein zweiter Augustinus als Sünder und Heiliger seines Ordens. Tatkräftig stand er seinem Prior in der Leitung des Hauses zur Seite und bekleidete wichtige Ämter im Kloster. – Als er sich auf dem Weg in die Walachei zur Gründung einer neuen Ordensniederlassung befand, traf er in Köln mit dem Trierer Erzbischof Otto zusammen. – Otto gewann Dominikus auf der Stelle so lieb, daß er ihn nicht weiter ziehen ließ. Er wollte ihn als Ratgeber bei sich behalten und so kehrte er mit dem Erzbischof nach Trier zurück. Oft weilte Otto, wie sein Vorgänger Balduin, in der Kartause von St. Alban. Die Advents- und Fastenzeit bevorzugte er dafür besonders. Niemals aber verließ er diese Stätte des Gebetes, ohne vorher Dominikus in seiner Zelle besucht zu haben. Immer wurde er dann demütiger, als er es sonst gewohnt war. Auch versuchte er die einfachen Arbeiten, die Dominikus beim Besuch verrichtete, auch zu tun. So ließ er sich zum Beispiel nicht davon abhalten, einen ganz verschmutzten Schuh zu flicken, den Dominikus gerade auszubessern versuchte. – Doch eines Tages kamen dem Mönch ernste Bedenken wegen der häufigen Besuche des Erzbischofes. Als dieser bald darauf wieder in seine Zelle trat, warf er sich ihm zu Füßen und bat ihn inständig, nicht mehr zu Besuch zu kommen, er fürchte, es würde seiner Demut schaden. Laut seufzte er: „Ich muß entweder auf dich oder auf Gott verzichten.“ – Otto war darob sehr betrübt und antwortete: „So verzichte auf mich – nicht auf Gott! Ich sehe schon, daß ich des Trostes nicht würdig bin, dich öfters zu besuchen. Nur um eines bitte ich dich: Gestatte mir, daß ich dich wenigstens einmal im Jahre mit meinem Besuche erfreuen darf.“ – Aber wie von selbst gestalteten sich die Dinge anders: Dominikus wurde der vertrauteste Gefährte und der getreueste Ratgeber des Erzbischofs Otto von Trier. Im Jahre 1460 starb der Mönch. Alsbald wurde er im Orden und in der Stadt Trier als Heiliger verehrt.

Die „Elisabeth von Trier"

Einst lebte in Trier eine sehr wohltätige Frau, Adelheid von Besselich, die fromme Witwe des einstigen Bürgermeisters dieser Stadt. – Da geschah es, daß auf einen Sommer voller Mißernten ein sehr kalter Winter folgte. Die Armen der Stadt und Umgebung bekamen dies besonders zu spüren. Zahlreicher als in anderen Jahren drängten sie sich an die Türe von Frau Adelheid. Diese richtete darauf in ihrem großen Hause in der Weberbach drei geheizte Räume und drei Kochherde für die Darbenden ein, damit ihnen jederzeit Speise und Trank gereicht werden könnte. Schnell verbreitete sich davon die Kunde in der Stadt und es dauerte nicht lange, da nannte man überall Adelheid die „Elisabeth von Trier". Jedoch die Wochen gingen dahin und langsam wurden die Vorräte im Hause der reichen Bürgersfrau immer knapper. Schließlich war nichts mehr da. Da pochte eines Tages eine ganz arme Frau an die Wohnungstüre und bat um Brot. Adelheid mußte ihr gestehen: „Ich habe nichts mehr für dich, alle Vorräte sind nun aufgebraucht." Da begann die Frau zu weinen und bat, ob sie nicht wenigstens den Speicher kehren dürfe, vielleicht fänden sich hier noch einige Körner. – Nachdem ihr das gewährt wurde, machte sie sich schnell an die Arbeit. – Und siehe: Als die arme Frau mit dem Besen in der Hand den Speicher betrat, fand sie ihn bis zum Dach voll des schönsten Korns. Sofort lief sie zu Adelheid, der wohltätigen Frau, und meldete ihr dies. – Diese aber fiel auf diese Nachricht hin auf die Knie und dankte Gott für die Gnade, allen Darbenden zu helfen, bis neues Getreide wuchs. – So konnte Adelheid wieder als die wahre „Elisabeth" helfen, so wie einst Elisabeth in Marburg. Von ganzem Herzen freute sie sich darüber und alle Dürftigen mit ihr. – Und es ist wahr: Solange der Kirchturm der Marktkirche von St. Gangolf steht, den sie als Bergfried der Stadt geschenkt hatte, wird ihr Name unvergessen bleiben.

Der Jesuit Friedrich Spee und die „Trutznachtigall“

Es ist nun schon mehr als 300 Jahre. – Da schritt täglich zu früher Stunde ein Priester des Herrn an der Porta Nigra vorbei Richtung St. Marien. Er hatte bereits das Opfer des Herrn dargebracht. Während er so leicht beschwingt dahineilte, sangen die Vögel und die Glocken der vielen Kirchen der Stadt erklangen zum „Engel des Herrn“. Ganz beglückt war dieser fromme Diener des Herrn, der dem Orden der Gesellschaft Jesu angehörte und Friedrich Spee von Langenfeld hieß. Mit großer Sehnsucht strebte er dem Klosterwald von St. Marien zu, denn hier, der Hieronymushöhle am anderen Moselufer gegenüber, konnte er Jesu Preis im Lied verkünden. Es gab dafür in der ganzen Stadt keinen geeigneteren Ort. – An dieser seiner Lieblingsstelle angelangt zog der fromme Pater sofort Tafel und Stift aus der Tasche und begann sogleich zu dichten. Da konnte er aber auch seine jubilierende Stimme nicht mehr zurückhalten und sang und schrieb in einem:

„Der schöne Frühling schon begund,
Es war im halben Mertzen,
Da seufzet ich von Seelengrund,
Der Brand mir schlug von Herzen.
Ich Jesum rief
Aus Hertzen tief:
Ach Jesu, thet ich klagen
Da gund es bald
Auch aus dem Wald
Ach Jesu, deutlich sagen.“

So sang der Einsame in seinem stillen Glück wohl 20 Strophen und schrieb sie sofort nieder auf seine Blätter. Diesem Gedicht gab er den Namen Trutznachtigall. – Mit 44 Jahren starb er im Jahre 1635. Er ward Jesus schon vor seinem Tode oft begegnet, dann nämlich, wenn er im Klosterwald von St. Marien saß und dichtete. Wenn er in den Strophen Jesus anrief, dann antwortete ihm dieser.

Die Tränen der Trierischen Märtyrer

Man schrieb das Jahr 1674. Ganz Trier trauerte. Der französische Stadtkommandant Vignory hatte nämlich beschlossen, alle Kirchen und Klöster Triers in Schutt und Asche zu legen, falls diese den heranrückenden Deutschen als Deckung dienen könnten. Die herrliche romanische Kirche von St. Paulin, die vor vielen Jahrhunderten von Papst Leo IX. geweiht worden war, sollte nun als erste dieses Schicksal ereilen. Vergeblich hatten sich die Stiftsherren an den französischen General gewandt. Nun wurden die Gitter zur Gruft aufgetan, in der die Trierischen Märtyrer begraben lagen. Menschen strömten hinein und beteten inbrünstig um Abwehr des ganzen Unheils. Plötzlich merkten sie, wie auf dem Boden der Gruft eine Menge klarer Quellen hervorbrachen. Da riefen alle: „Die Märtyrer weinen, daß man sie in ihrer Ruhe stört – sieh da, ihre Tränen.“ – Aber auch diese Nachricht vermochte Vignory nicht umzustimmen. St. Paulin wurde Ende des Monats Mai zerstört. – St. Matthias und St. Marien erschienen noch nicht bedroht. – Als jedoch das deutsche Reichsheer die Belagerung Triers begann, entschloß sich Vignory, auch St. Matthias zu opfern. Er brach mit seinen Mannen auf, hörte jedoch sehr bald, daß dieses Kloster von den Kaiserlichen bereits besetzt sei. Da geriet er in Wut und schrie: „St. Matthias ist für uns verloren. Hol mich der Teufel, so will ich dafür St. Marien niederbrennen.“ Noch in der Nacht rückte er gegen diese Abtei aus. Zur gleichen Zeit brach ein Gewitter los, das immer drohender wurde – Vignory jedoch wollte darin kein Zeichen Gottes sehen und ritt weiter, um St. Marien dem Erdboden gleichzumachen. Als er eben auf der Brücke des Wallgrabens am Simeonstor angelangt war, fuhr ein so greller Blitz nieder, daß alles zu beben begann. Das Pferd des französischen Statthalters blieb wie angewurzelt auf der Brücke stehen und konnte nicht von der Stelle bewegt werden. Vignory tobte, setzte ihm die Sporen in die Weichen, daß das Blut spritzte – aber nichts half. Im selben Augenblick fiel von den kaiserlichen Schanzen her der erste Kanonenschuß. Da stürzte das Pferd, das sich so erschreckt hatte, mitsamt dem Reiter in den Wallgraben, ohne sich zu verletzen. Den Franzosen erdrückte es und jede Hilfe kam zu spät. – St. Paulin aber erstand als barocker Bau in neuem Glanze. Einer der berühmtesten Architekten, Balthasar Neumann, schuf dieses Meisterwerk europäischer Baukunst. – Da hörten die Tränen der Märtyrer auf zu fließen.

Der Engel mit dem hölzernen Bein von St. Paulin

Die herrlichen Deckengemälde der Kirche von St. Paulin waren beinahe fertig. Alle bestaunten die Darstellungen der Trierischen Märtyrer und des Lebens des heiligen Bischofs Paulinus. Es schien sogar, als würden nicht wenige Gläubige durch diese Bilder zu einem lebendigeren Glaubensleben angeregt werden. Dies aber mißfiel dem Teufel aufs äußerste, der ein Feind alles Reinen und Schönen ist, das in einer Menschenseele zu sprossen und zu blühen beginnt. – So richtete sich sein ganzer Zorn gegen den Meister, der in sechsjähriger Arbeit dieses Wunderwerk der Malerei geschaffen hatte. Sein Ziel war es, Werk und Meister zu vernichten. Aber er wurde daran gehindert, da der Künstler oft vor und während der Arbeit betete. Vor diesem Gebet mußte der Satan immer wieder flüchten. – Da rückte der letzte Tag heran, an dem der Meister das Gerüst besteigen mußte, um die letzten

Pinselstriche auf sein Lebenswerk zu setzen. Eines von den vielen Engelchen war noch bis auf das linke Beinchen unvollendet geblieben. Es war schöner als alle anderen Engel. So machte es dem Meister ein besonderes Vergnügen, gerade damit die Malereien zu beenden. Schon war er oben angelangt, dem unvollendeten Engel ganz nahe. Er tauchte den Pinsel in den Farbentopf und fing an zu malen. – Da hörte er aus dem Kirchenraum von unten eine Stimme, die er für die seines besten Kameraden hielt: „Freund, ich gehe. Halte dich gesund!" – Der Meister, erfreut durch einen solchen Gruß, beugte sich über den Rand des Gerüstes in die Tiefe, sah nach allen Seiten, aber er konnte niemanden erblicken. Da spähte er noch genauer ins Kircheninnere. Im selben Augenblick ergriff ihn eine unsichtbare Faust am Nacken, hob ihn empor und schleuderte ihn in die Tiefe. Noch im Fallen vernahm er ein wieherndes Gelächter, wie es nur das des bösen Feindes sein kann. Dann wurde es dunkel um des Künstlers Augen, er schlug am Fußboden der Kirche auf und blieb mit zerschmettertem Schädel tot liegen. – Seine Freunde und Beter eilten herbei, um dem Verunglückten zu helfen, aber es war zu spät. Darob brach große Klage aus und viele Menschen in Trier beklagten noch lange den tragischen Tod des Künstlers. Keiner von seinen Mitarbeitern wagte es jedoch, das unvollendete Engelbeinchen zu ersetzen. Nach Jahren fand sich endlich ein mutiger und frommer Schnitzer, der unter vielen Gebeten ein Holzbeinchen schnitzte und es dann am Deckengemälde befestigte. Es war von dem gemalten Beinchen nicht zu unterscheiden. Wer aber nie an die Deckengemälde von St. Paulin kommen konnte, der weiß von diesem Holzbeinchen nur aus der Legende. Von den Kirchenbänken aus erscheint es nämlich wie ein gemaltes Beinchen.

Die Kreuzigungsgruppe der Abtei St. Martin

Die ehrwürdige Abtei von St. Martin in Trier, in wunderschöner Lage an der Mosel, war ein Opfer der Säkularisation geworden. Das Kloster mitsamt seinen Gütern ging von Hand zu Hand, bis es schließlich einem Manne zufiel, der seit langer Zeit schon ungläubig geworden war. Neben der Abtei nun stand eine weithin bekannte Kreuzigungsgruppe. Sie war von einer großen Gönnerin von St. Martin, Adelheid von Besselich, gestiftet worden. Mit kostbaren Reliquien und vielen Ablässen bedacht, wurde sie vom Volke und den Mönchen sehr verehrt. – Dem neuen Besitzer der ganzen Klosteranlage aber war dies ein Dorn im Auge. Tag für Tag überlegte er, wie denn dieses fromme Mahnmahl entfernt werden könnte. Die Sache drängte, denn seine Freunde verspotteten ihn schon ob dieser Kreuzigung. – Da faßte er schließlich den Entschluß, zwei gottlose Männer mit einer hohen Geldsumme dafür zu gewinnen, des Nachts die Gruppe umzuhauen und in die Mosel zu versenken. Dies gelang auch. Die Gesellen waren damit einverstanden und nun sollte möglichst bald diese scheußliche Tat folgen. An jenem vereinbarten Abend war der Abteibesitzer zu einer Geburtstagsfeier auf das Weißhaus geladen. Viele Gäste und Freunde waren versammelt und der Wein floß in großen Strömen. Nach Mitternacht brach man heimwärts auf und als die Mosel erreicht war, da konnte der Fährmann nicht mehr geweckt werden. Die Männer riefen: „Hol über, hol über“, aber es antwortete niemand. – Da erklärten sie sich bereit, den Umweg über die Römerbrücke zu nehmen – allein der verwegene Abteibesitzer erklärte in seiner übermütigen Laune: „Wartet hier am Ufer, ich werde durch das Wasser ans andere Ufer schwimmen und den Nachen holen.“ Seine Freunde warnten ihn, solches angesichts der reißenden Strömung zu tun. Allein, er ließ sich nicht abhalten, zog seine Kleider aus und sprang in den Fluß. – Kaum hatte er zu schwimmen begonnen, da geriet er schon in einen reißenden Strudel, schrie um Hilfe, aber keiner wagte es, ihm nachzuschwimmen. Sehr bald verstummten die Rufe und der Besitzer ging lautlos in den Fluten für immer unter. – Schauer erfaßte die Zurückgebliebenen. Drüben an der Kreuzigungsgruppe neben der Abtei standen einstweilen die beiden gedungenen Bösewichte mit Säge und Axt bereit, diese Gruppe umzuhauen. Als sie aber die Axt an das Kreuz legen wollten, fuhr plötzlich aus den gewitterdunklen Wolken ein greller Blitz hernieder und es folgte ein schrecklicher Donner. – Da packte diese beiden Gesellen die panische Angst, sie ließen Axt und Säge fallen und flohen entsetzt davon. – Die Kreuzigungsgruppe aber steht heute noch – das Original in der Pfarrkirche von St. Paulus, die Kopie am ehemaligen Martinskloster. Die Inschrift auf dem Kreuze lautet: „Errichtet und gesegnet im Jahre 1498 mit Ablässen.“ Auf der Rückseite befindet sich das Wappen der Adelheid von Besselich – drei goldene Rosen auf rotem Feld.

Das Götzenbild rollte vom Markusberg herab

In alter Zeit, als Trier noch ganz heidnisch war, stand auf dem Markusberg das Standbild des Gottes Apollo. Die Bevölkerung brachte zwar zuerst in Apollos Tempel in Maximin dem Gott ihr Opfer dar, aber seine Lobpreisung als Gott des Lichtes geschah an seiner Stätte auf dem Markusberge. – In der Mitte des dritten Jahrhunderts nach Christus entstand nun die erste Christengemeinde in dieser Stadt und es war nur noch eine Frage der Zeit, bis das Bild auf dem Markusberge fallen mußte. – In der Tat: Es dauerte nicht lange, da stiegen Christen diesen Berg hinan und vollbrachten dieses Werk. Als das Götzenbild stürzte, sprang der Teufel heraus und rollte in Gestalt eines feurigen Rades von der Höhe hinab in die Mosel. An seiner Stelle aber errichteten die Trierer ein großes Kreuz als Wahrzeichen des christlichen Trier. – Die Bevölkerung wollte aber auch später beweisen, daß es mit der Aufstellung des Kreuzes von einst wirklich ernst sei. Darum fanden alljährlich am ersten Fastensonntag feierliche Umzüge statt. Dabei spielten die Metzger und die Wollenweber eine besondere Rolle. Die einen waren zu Pferde, die anderen zu Fuß. Während die einen sich auf der alten Moselbrücke postierten, standen die anderen am Fuße des Markusberges, genau unter der Spitze dieses Berges, auf dem das Kreuz stand. Von dort wurde dann ein brennendes Rad den Berg hinuntergestoßen und von der unten postierten Metzgerzunft mit Pistolenschüssen empfangen. Im selben Augenblick wurde auch am kurfürstlichen Palast und am Kronenpütz auf der Weberbach geschossen, weil auch hier einst Götzenbilder von Christen gestürzt worden waren. – Nach vielen Jahrhunderten begannen die Gläubigen dieser Stadt, Maria sehr zu verehren. Als dann 1854 Papst Pius IX. das Dogma von der Unbefleckten Empfängnis Mariens feierlich verkündete, da beschloß Trier, der Gottesmutter nach dieser Ehrung durch den Papst und die ganze Kirche ein besonderes Denkmal zu setzen. An der Stelle, wo einst das Apollobild gestanden hatte, sollte nun neben das Kreuz eine Statue der Unbefleckten Empfängnis treten. – Im Jahre 1866 konnte dieser Beschluß verwirklicht werden. Säule und Gestalt Mariens bilden zusammen eine Höhe von 40 Metern. Maria erscheint hier über der Stadt und dem Land als Mutter Christi, der das Licht der Welt ist. Sie leuchtet gleichsam als Lichtmutter über Trier und seinen Bewohnern.

St. Nikolaus an der Moselbrücke

Die Statue des heiligen Wundertäters Nikolaus an der alten römischen Moselbrücke ist wohl allen Schiffern bis zum heutigen Tage bekannt. – Da geschah es vor vielen Jahrhunderten bereits, daß ein Schiffer durch den wilden Wellengang der Mosel in arge Not geriet. Das Schiff näherte sich immer gefährlicher den Brückenpfeilern und der Schiffer fürchtete schon, im nächsten Augenblick daran zu zerschellen und im Strom zu ertrinken. Da sah er gerade noch das Bild des heiligen Nikolaus an der Brücke und rief laut: „Heiliger Nikolaus, wenn du mich rettest, dann verspreche ich dir eine Kerze, so groß wie der Schiffsmast." Da ereignete sich das Wunder: Das Schiff schwenkte ein klein wenig ab und gelangte ohne die kleinste Beschädigung durch die Brücke hindurch. – Kaum war dies vorbei, da dachte der Schiffer nicht mehr an sein Gelöbnis. Im Gegenteil: Er spottete vielmehr, als er wieder an Land war, und sagte: „St. Niclas, du kriegst nicht so viel." – St. Nikolaus aber schwieg und tat zunächst nichts. – Nach geraumer Zeit mußte derselbe Schiffer wieder die Mosel hinauf fahren und nahte wiederum der alten Brücke mit dem Bilde des heiligen Bischofs. Da kam urplötzlich eine reißende Bewegung in den Fluß, das Schiff geriet in Not, der Schiffer rief wieder Nikolaus an. Aber es kam keine Hilfe mehr. Im nächsten Moment zerschellte das Schiff am Pfeiler der Brücke, der Schiffer stürzte ins Wasser, ertrank und ward von niemandem mehr gesehen. Bis zum heutigen Tage blieb sein Leichnam verschollen. Seitdem gilt dieser Nikolaus an der Brücke als Helfer, der in Strenge darauf achtet, ob wohl auch alle Versprechen, die in der Not abgelegt werden, ihre Erfüllung finden oder nicht.

Das Grab des Milo

Es sind schon mehr als 1000 Jahre her. Milo war damals Erzbischof von Trier. Einst hatte er Kriegsdienste beim Frankenkönig Karl Martell geleistet. Er war da so treu und erfolgreich, daß er dafür das Bistum Trier erhielt, obwohl er noch keine geistlichen Weihen erhalten hatte. – Jedoch: Es ruhte kein Segen auf seinem bischöflichen Amte. Wohl blieb er ein tüchtiger Krieger und im Geschäfte der Jagd konnte es ihm kaum jemand gleichtun. Aber das Heil der Seelen, die Feier der Liturgie, die Betreuung und Obhut über die vielen Klöster, dies alles lag ihm überhaupt nicht. – So verkam das Bistum immer mehr – und was das Schlimmste an seinem Treiben war: Er riß förmlich die Kirchengüter an sich und sammelte so ungeheuere Reichtümer in seinem Palaste auf. – Sein übles, ja ausgesprochen gotteslästerliches Tun konnte aber in der Hauptstadt der Christenheit nicht verborgen bleiben. Priester und Laien meldeten schließlich die Mißstände nach Rom. Der Papst, darob sehr bekümmert, da Trier ja die älteste deutsche Diözese war, reich an Frömmigkeit und Tradition, beauftragte den großen heiligen Bonifatius zur baldigen Visitation. – Unverzüglich machte sich dieser auf den Weg, traf bald in der Moselmetropole ein und begann alsbald, Milo mit heftigen Vorwürfen zu überhäufen und von ihm im Namen des Papstes zu fordern, sein persönliches Leben zu ändern und den Stil seiner Amtsführung zu verbessern. – Doch dieser ließ sich nicht bereden. Im Gegenteil: Je eindringlicher Bonifatius wurde, um so verstockter wurde der Trierer Erzbischof. – Sehr traurig übergab schließlich der berühmte Missionar den Sünder dem Gerichte Gottes. An der großen Tür des bischöflichen Hauses noch stellte er ihm den ewigen Untergang seiner Seele vor Augen, wenn er sich nicht bekehre. Dann ward die Tür hart zugemacht – Milo ging, rettungslos, zurück in sein Lasterleben – und Bonifatius schritt mutig in neue Seelsorgsaufgaben hinein. – Da kam im Jahre 753 ein großer kirchlicher Festtag. Alle Glocken des Bistums läuteten zu den Gottesdiensten – nur im Dom blieb es still. Zwar feierten an den einzelnen Seitenaltären Domkanoniker still das heilige Meßopfer – aber auf dem Hochaltar brannten keine Kerzen und standen keine Blumen. Er mußte heute ohne Opfer bleiben – Milo, der Erzbischof, war auf die Jagd gegangen in die Wälder zwischen Ehrang und Quint. – Kaum hatte das wilde Treiben begonnen, da traf Milo bereits einen großen, wilden Eber. Aber das Tier war nicht tot. Schwerverletzt suchte es zu fliehen und war doch ungemein gereizt. Der Erzbischof verfolgte ihn und als er ihm ganz nahe an den Leib gerückt war, wandte sich der Eber auf einmal um, griff den tollkühnen Jäger direkt an und tötete ihn auf der Stelle. So ereilte den Sonntagsschänder die Strafe Gottes. – Die Priester und das Volk von Trier wollten ihren nachlässigen Hirten nicht in ihrer Stadt begraben wissen. Sie verschlossen unmittelbar nach der Nachricht von seinem Tode alle Stadttore. So blieb nichts anderes übrig, als ihn in der Pfarrkirche von Ehrang zu bestatten. – Es vergingen einige Jahrhunderte. Da kam das Jahr 1209 und mit ihm auch der Neubau der Pfarrkirche. Gleich nach Beginn der Arbeiten wurde beschlossen, die Gebeine Milos umzubetten. Die Steinmetzen machten sich an die Arbeit, legten das Grab frei und hoben den schweren Deckel vom alten Steinsarg. Entsetzt wichen die Arbeiter zurück: Inmitten des Skeletts richtete sich züngelnd eine schillernde Schlange auf. – In ihrer Angst ließen die Männer den Deckel krachend auf den Sarg niederfallen. – Die Folge dieses Geschehens war, daß niemand mehr das Grab anrührte und daß es dort verblieb, wo es schon immer war. Wie es der „Zufall" so wollte, kam nun das Grab gerade vor das Portal zu liegen. Wer also in die Kirche wollte, der mußte auf jeden Fall darüber gehen. – Etwa 500 Jahre später wurde die Kirche im Zuge der Raubkriege von den Franzosen zerstört. Als sie 1732 wiederaufgebaut wurde, öffneten mutige Männer das Grab Milos aufs neue. Die Schlange aber, die früher bei der Öffnung emporgezüngelt war, sah man nicht mehr. Das war ein Zeichen, daß der Fluch vom Grabe gewichen war. Daraufhin wurde über Milos Grab der Altar der neuen Kirche errichtet. So ist Milos Tun und üble Nachrede nun für immer gesühnt durch den Opferaltar, auf dem das alles versöhnende Blut Jesu Christi in geheimnisvoller Weise täglich gegenwärtig wird.

Das Spinnerkreuz bei Mehring

Vor vielen Jahrhunderten lebte in Mehring an der Mosel ein Mann mit Namen Spinner. Der hörte eines Tages, daß ein armer Sünder gehängt werden sollte. Schon in aller Frühe machte er sich auf den Weg, um dieses Schauspiel mitzuerleben. Er traf gerade noch rechtzeitig ein, denn der Henker war schon dabei, dem Verurteilten den Strick um den Hals zu legen. Er ging ganz nahe an den Galgen heran und sagte so vor sich hin: „Ich möchte doch gar zu gerne wissen, wie es dem da oben auf der Leiter jetzt wohl zumute ist." – Dies vernahm der Verbrecher gerade noch im letzten Augenblick und schrie eilig und mit seinen letzten Kräften vom Galgen herab: „Haltet ein, ich habe noch einen Mitschuldigen." Dabei wies er auf Spinner, der darob zu Tode erschrocken war. Jedoch es half ihm nichts. Der arme Sünder wurde nochmals vom Galgen herabgeführt und Spinner geriet in Gefangenschaft. Beide wurden dem Richter vorgeführt und die Anschuldigung wurde wiederholt. Aber Spinner beteuerte verzweifelt seine Unschuld. Es nützte ihm nichts. Der Richter glaubte ihm nicht und verurteilte ihn allsogleich zum Tode am Galgen. – Nun wurden beide zum Schandholz geführt. Als Spinner bereits mit schlotternden Knien unter dem Stricke stand, rief plötzlich sein Ankläger: „Dieser Mensch ist unschuldig, ich wollte ihm nur nach seinem Wunsche die Gelegenheit geben, zu empfinden, wie es ist, wenn einen der Henker an den Galgen knüpft." – Da ward Spinner freigelassen, der andere aber sofort gehängt. Während nun der andere baumelte, konnte Spinner heimgehen. – Das erste, was er tat, war, ein Versprechen abzulegen: „Ich will, daß an der Stätte, wo ich Todesangst ausgestanden habe, ein Kreuz zum Dank und zur Erinnerung errichtet werde." Dies geschah dann auch sehr bald. Die Leute von Mehring nannten es sehr bald „das Spinnerkreuz". Noch heute steht es, aus schönem Stein geschaffen, auf dem Kalvarienberg bei Mehring.

Die Hexen auf der Hetzerather Heide

In jeder Landschaft Deutschlands befindet sich ein Blocksberg. – Für das Trierer Land ist der Tummelplatz der Hexen die Hetzerather Heide, heute Steipe genannt. – Des Nachts kamen hier einst die verschiedenen Hexen auf ihren Besen angeritten, durch die Lüfte und von weither. – Waren sie alle schließlich versammelt, dann begann der fürchterliche Tanz. Dabei tanzten sie links herum, in Teufels Namen. Hatten sie sich müde getanzt, dann wurde viel gegessen und aus silbernen Bechern getrunken. Bei dieser Gelegenheit erschien auch oft der Teufel und begrüßte seine weiblichen Getreuen. Dann befahl er, wohin die Hexen ausreiten sollten zum Schaden von Mensch, Vieh und Wald. Auch die großen Felder sollten um ihre Ernte gebracht werden. Schließlich bekamen ganz bestimmte Hexen auch den Auftrag, die Weinkulturen zu vernichten. Der Satan trieb jedoch immer die Hexen zu sofortigem Tun an, solange es noch Nacht war. Denn in dem Augenblick, da es Morgen wird, beginnen die Glocken zum „Engel des Herrn“ zu läuten und viele Menschen erheben ihre Seele im Gebet zu Gott. Dann aber ist der Spuk gebrochen und die Hexen vermögen kein Unheil mehr anzurichten. – So kam es, daß bei Eintritt der Morgendämmerung das höllische Gelichter sehr eilig den Schauplatz durch die Lüfte verließ. – Heute noch steht auf der Hetzerather Heide unter mächtigen Linden ein Bild der Gottesmutter mit dem toten Sohn im Schoße. Es soll die Rückkehr der bösen Geister auf jeden Fall verhindern.

Die Michelskirche bei Piesport

Hoch über Piesport, mitten in den Weinbergen, steht bis heute eine Kapelle, die von einer uralten Sage geheimnisvoll umrankt ist. – Es war in den Tagen des großen Kaisers Konstantin. Eben war diesem Herrscher bei Neumagen das Zeichen des Menschensohnes glückverheißend erschienen, da ritten heidnische Franken, die sich vom Heere getrennt hatten, durch Piesport. Sie kamen zufällig auch an der Kapelle in den Weinbergen vorbei. Neugierde und Langeweile zugleich trieb sie, die Türe dieses kleinen Gotteshauses zu öffnen. Sie traten ein und trafen eine kleine Schar von frommen Betern an. Vor dem Bilde des Erzengels Michael am Altare brannten viele Kerzen. Offenbar hatten sich die Leute zu einer Michaelsandacht versammelt. – In einer Mauernische sahen sie das holzgeschnitzte Bild des Schmerzensmannes, der die Dornenkrone auf dem Haupte trug. – Mit Hohn und Spott rissen sie dem Herrn diese Krone ab und setzten sie versuchsweise einem ihrer Pferde auf. – Die Beter merkten dies, wagten aber nicht, dagegen Einspruch zu erheben. Ihr Gebet verstummte jedoch und sie harrten voll Angst der Dinge, die da kommen sollten. Die Franken aber hatten es nicht eilig. Sie setzten sich zur Rast vor der Kapelle hin, tranken etwas Wein und schauten blöde ins Tal hinab. Nach einer Zeit brachen sie auf. Das Pferd jedoch, das die Dornenkrone trug, war nicht von der Stelle zu bewegen. Voll Zorn gab ihm sein Reiter die Sporen, aber es nützte nichts. Wild bäumte es sich auf. – Als aber der Reiter dann sein Pferd noch weiter quälte – da machte es auf einmal einen gewaltigen Sprung von einer Felsklippe in die Tiefe. Roß und Reiter gingen augenblicklich in den Wellen der Mosel unter. – Wer heute als stiller Wanderer in der Nacht, wenn alles schweigt und kein Wind weht, am Fuße dieses Felsens vorbeigeht, der nimmt ein Rauschen und Plätschern wahr, als ob ein Ertrinkender in seiner Todesangst mit den Wellen ringe. Alle, die das einmal erlebt haben, sagen: Die Seele des Frevlers hat noch immer keine Ruhe gefunden.

Das Eberhardsfäßchen

Einst errichtete der fromme Einsiedler Eberhard an dem Orte, wo heute der bekannte Marienwallfahrtsort Klausen steht, zu Ehren der schmerzhaften Gottesmutter eine schlichte Kapelle. Der Bau wuchs rasch, denn von allen Seiten kamen die Menschen, junge und alte, um zu helfen. – Da die Bauzeit vorab in die Sommerszeit fiel, mußte der Einsiedler immer für einen ausgiebigen kühlen Trunk sorgen. Dies tat er mit großer Freude und Gewissenhaftigkeit. Eben hatte er wieder ein Fäßlein guten Weins besorgt, da hatten die Arbeiter wegen der hohen Temperaturen einen solchen Durst, daß sie dieses schneller leertranken als sonst. Zwar hatte der Einsiedler beizeiten bereits ein zweites Fäßchen bestellt – aber dies war nicht angekommen. – Da wurden die Arbeiter unmutig und drohten schon, die Arbeit aufzugeben und fortzugehen. – Eberhard merkte dies sogleich und rief unverzüglich Maria an: „Liebe Mutter, ich habe das Meinige getan, die Reihe ist jetzt an dir – hilf mir in meiner großen Not und gib den Dürstenden zu trinken.“ Und siehe: Das Gebet des Einsiedlers wurde erhört. Das eben noch leere Fäßchen war wieder bis zum Spundloch voll des besten Weines. – Die Nachricht von diesem Wunder verbreitete sich sofort in der ganzen Gegend – und noch heute ist es an der Mosel Brauch, sich in Zeiten großer Hitze ein Eberhardsfäßchen zu wünschen.

Die Riesenkerze von Klausen

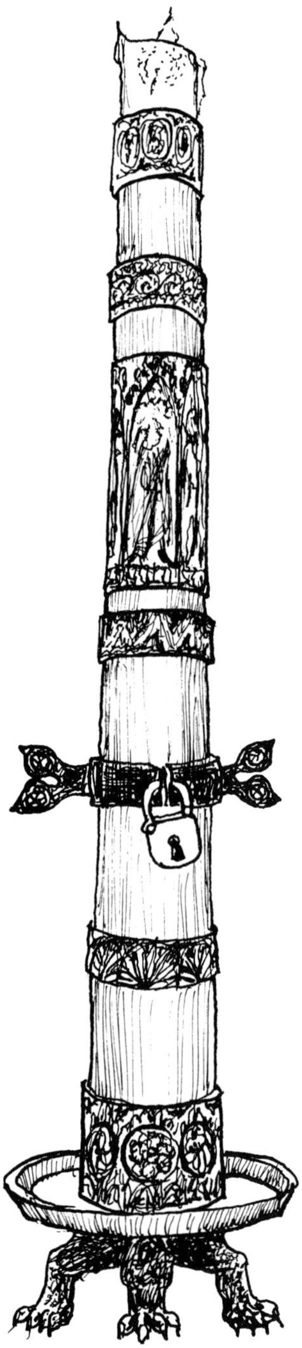

Die größte Opferkerze, die je in der Gnadenkapelle von Klausen zum Dank geopfert wurde, wog drei volle Zentner. Gräfin Agnes von Nassau hatte sie einst gestiftet. Dazu kam es, weil ihr Gemahl Graf Engelbert nach einer verlorenen Schlacht, die er im Heergefolge Karls des Kühnen von Burgund mitgemacht hatte, verschollen war. Die Gräfin ließ überall nachforschen, aber nirgends zeigte sich eine Spur von ihm. – Da gelobte sie der schmerzhaften Muttergottes von Klausen eine Wachskerze, so schwer, wie ihr Gemahl mit Rüstung und Waffen war. Bereits nach drei Tagen kam die Kunde: Er sei am Leben, in Straßburg gefangen und könne losgekauft werden. – Nun begann die Gräfin, das hohe Lösegeld zu sammeln und die Riesenkerze in Klausen aufzustellen. Endlich hatte sie die Summe beisammen und der Graf kehrte zurück. Noch viele Jahrzehnte nach seiner Befreiung brannte sie vor dem Gnadenbild Tag und Nacht. – Da geschah es in einer dunklen Winternacht: Räuber drangen in die Kirche ein, zündeten die Riesenkerze an und erbrachen den Schrank mit Kelch und Monstranz. Diese rissen sie an sich und flüchteten aus der Kirche. Die Riesenkerze jedoch ließen sie in der Eile brennen. – Als am Morgen der Küster das Gotteshaus betrat, merkte er wohl, was geschehen war, die brennende Kerze jedoch bemerkte er nicht. So kam es, daß diese durch viele Wochen hindurch fortzehrte. Auf eigenartige Weise jedoch verbrannte nur das Wachs dicht um den Docht, so daß die Kerze ausgehöhlt wurde. Der Rest wurde dann bald umgegossen. So wurde die Kerze zum Symbol der immerwährenden Hilfe Gottes, die nie erlischt, sondern gleichsam immer „fortbrennt“, damit der Mensch sich in jeder Not an Gott wende.

Die treue Braut und ihr Ring

Wieder war Krieg. – Ein tapferer Ritter von Burg Veldenz mußte, noch jung an Jahren, mit dem Heer des Kaisers in ein fernes Land ziehen. Als der Tag des Abschieds gekommen war, steckte er seiner Braut einen goldenen Trauring an den Finger. – Der Krieg war zwar rasch beendet, aber es verging Jahr um Jahr, und die Braut hörte nichts mehr von ihrem Bräutigam. Manchmal kam es ihr vor, als wollte ihr das Herz schier zerbrechen wegen ihres Leides. Aber nie ließ sie alle Hoffnung sinken. Einen Funken davon bewahrte sie sich dennoch in ihrem innersten Herzenskämmerlein. – Eines Tages aber trat die Mutter vor sie hin und sagte fast ärgerlich: „Du hast nun in der Tat lange genug getrauert um deinen Bräutigam. Reiche mir den Ring, der dich immer wieder an ihn erinnert, der doch schon längst tot ist. Wenn du diesen Ring nicht mehr siehst, wirst du endlich wieder fröhlich werden.“ – Tagelang setzte ihr die Mutter zu. Schließlich konnte sie es nicht länger aushalten, streifte den Ring vom Finger und gab ihn ihrer Mutter. Diese nahm ihn gierig, eilte zu einem tiefen Brunnen und warf ihn hinein. – Nach kurzer Zeit jedoch kam der Ring wieder ans Tageslicht: Eine Magd fand den Ring beim Schöpfen in ihrem Eimer, lief zur Mutter der Braut und übergab ihn. Doch diese ließ sich nicht beirren. Ohne mit der Wimper zu zucken, begab sie sich in ihren Garten und vergrub ihn dort. Wiederum: Kurze Zeit darauf ging die Braut an einem wunderschönen Morgen zwischen den Blumen im Garten spazieren und auf einmal sah sie ihren Trauring an einem Halm blitzen. – Offenbar versuchte er, mit einem Tautropfen um die Wette zu glitzern. – Da stand des Mädchens Entschluß fest: Nie mehr wollte sie den Ring aus ihrer Hand geben und sie nahm ihn vom Halm ab und steckte ihn wieder an die Hand. – Aber die Mutter merkte dies; voll Zorn rief sie: „Gib mir sofort diesen Ring. Ich will ihn auf der Stelle verbrennen, damit er dir deinen Seelenfrieden nicht mehr störe.“ Nach diesen schrillen Worten versuchte sie, der Tochter mit Gewalt den Ring zu entreißen. Im selben Augenblick jedoch öffnete sich die Türe und der totgeglaubte Bräutigam trat herein, ganz heil und schloß seine treue Braut fest und glücklich in seine Arme.

Holüber

Mit vollem Recht wird der Wein als die köstlichste Gabe Gottes an das Land der Mosel immer wieder gepriesen. Er weckt die guten Geister des Frohsinns und der Freude. Er vermag es aber in der gleichen Weise ebenso, Menschen in Not, ja direkt in den Tod zu treiben. – Da lebte einst ein Mann namens Maurus, auf den diese Gottesgabe einen verheerenden Einfluß ausübte. Man nannte ihn daher auch den „Trunkenbold von Cues". – Jeder wich diesem ständig Betrunkenen in weitem Bogen aus und wenn er nach Hause zu seiner Familie kam, dann schlug er Weib und Kinder und verbreitete auch dort wahren Schrecken. – Eines Nachts torkelte er wiederum, voll des Weines, nach Hause. Dabei geriet er vom Wege ab, stürzte von einem Felsen und brach sich das Genick. – Der Tote ward nach einigen Tagen gefunden und am Dorffriedhof zur letzten Ruhe geleitet. – Nach der Messe und dem Begräbnis kehrten Frau und Kinder in ihr Heim zurück. Angehörige und Verwandte begleiteten sie, um sie zu trösten und zu helfen. Schon von ferne jedoch sahen sie, wie der tote Maurus ganz lebendig an einem Fenster des Hauses lag und die Zunge weit herausstreckte. Dazu schnitt er noch schreckliche Grimassen. Da ergriffen alle die Flucht. Niemand wagte es, das Haus zu betreten. – Da rief seine Frau einen alten Mann aus Bernkastel, der dafür bekannt war, böse Geister wirksam beschwören zu können. Dieser kam und trieb sofort den Unhold mit Erfolg aus. – Aber dieser verschwand trotzdem nicht. Er veränderte nur seinen Standort und übersiedelte in den Wald über den Weinbergen. Dadurch wurde dieses ganze Gebiet ziemlich ungeheuer. Spielten durch Zufall dort Kinder, schreckte er sie in der Art und Weise, daß er plötzlich hinter Felsen und Bäumen hervortrat und mit der Faust drohte. Suchten Frauen Reisig, dann legte er schwere Steine in die Traghotten, waren Arbeiter im Weinberg beschäftigt, dann warf er auf diese mächtige Felsbrocken und auch die Fährmänner am Moselufer waren nicht sicher vor ihm. Gar oft klang sein dumpfes „Holüber" schaurig durch die Nächte. So äffte er die Fährmänner. An Maurus wurde für alle Bewohner der Gegend spürbar, wie die Gefahr des Weines sich auch über den Tod hinaus noch wirksam zeigen kann. Der Teufel vermag gerade durch ihn eine ungeheure Macht über den Menschen auszuüben.

Der Bernkasteler Doktor

Erzbischof Boemund lag schon lange in seiner schönen Burg Landshut schwer krank danieder. Ärzte kamen und Ärzte gingen, keiner aber konnte ihm wirklich helfen. – Nun ließ der dem Tod offenbar verfallene Oberhirte bekanntgeben, er wolle den, der ihn gesund machen könne, reichlichst belohnen. – Dies hörte ein einfacher Bürger aus Bernkastel. Da dachte er an seinen köstlichen Wein im Keller und war der festen Überzeugung, dieser würde den Erzbischof sicher ganz gesund machen. – Kurz entschlossen stieg er in den Keller und holte ein Fäßlein vom Allerbesten herauf. – Nun ging er den steilen Berg zur kurfürstlichen Burg. Der Mann hatte zwar alle Mühe und Not, das Fäßlein hinaufzutragen, aber schließlich erreichte er doch das Ziel, schwitzend und keuchend. – Zuerst wollte man ihn gar nicht zum Kranken vorlassen. Als er aber immer wieder beteuerte, er habe den Wein, der den Erzbischof sicher gesund machen könnte, ließ man ihn ins Krankengemach führen. Der Erzbischof begrüßte ihn und ließ ihn seine Gabe vorführen. Vor den Augen des Hirten schlug er den Kran ins Fäßlein, füllte ein Glas mit perlendem Wein und reichte diesen dem Kurfürsten mit den Worten: „Wer von diesem Weine trinkt, der muß gesund werden. Das ist der rechte Doktor!“ – Zuerst nippte der Kranke, dann schlürfte er, schließlich tat er einen langen Zug. Bald war das erste Glas geleert und der glückliche Mann aus Bernkastel hörte seinen geistlichen Herrn sagen: „Reich mir noch mehr von dieser trefflichen Arznei! Ich fühle, wie sie mir wohlig durch die Adern rinnt.“ Nun trank er weiter von diesem wahren „Doktor“ und konnte nach kurzer Zeit völlig genesen und von seinem Lager aufstehen. – Noch heute rühmt man diesen Wein als den „Bernkasteler Doktor“.

Der Schatz in der Marienburg

An einem schönen Frühlingsmorgen pflückte einst ein junges Mädchen aus Briedel am steilen Abhang des Berges, auf dem die Ruinen der Marienburg liegen, Blumen zu einem Strauß. Als es so dahinpflückte und die größte Freude daran hatte, wenn ihm ganz unbekannte Blumen in die Hände kamen, trat ganz plötzlich eine Nonne ihm entgegen. Geheimnisvoll hob sie den Finger und sprach: „Folge mir! Wenn du meinen Worten gehorchst, dann wirst du reich und glücklich werden." Kaum hatte sie dies gesagt, faßte sie bereits das Mädchen an der Hand und führte es in ein halb zerfallenes Kellergewölbe des alten Klosters. Dort stand ein Schrein. Von ihm ging ein beinahe verführerisches Leuchten aus. Als das Mädchen näher trat, bemerkte es zu seinem Entsetzen und Erstaunen zugleich, daß auf dem Deckel zusammengeringelt eine feurige Schlange lag, die ein goldenes Schlüsselein im Munde trug. – Die Nonne raunte der Kleinen ins Ohr: „Heute ist die Schlange zahm, drum nimm getrost den Schlüssel mit deinem Munde, erschließe den Schatz, und er ist dein." – Das Mädchen wollte ganz und gar tapfer sein und näherte sich zweimal, am ganzen Körper bebend, der Schlange. Doch jedesmal, wenn es in ihre unmittelbare Nähe kam, schreckte es zurück, denn die Augen der Schlange blickten ungemein feurig und drohend. – Beim dritten Versuch, dem Rat der Nonne zu folgen, erfaßte es jedoch plötzlich ein solcher Schauder, daß es Nonne, Schlange und Schatz völlig vergaß und eilends davonrannte. So blieb der Schatz bis zum heutigen Tage ungehoben.

Die Gründung der Burg Arras

In der ersten Hälfte des 10. Jahrhunderts waren die deutschen Gaue bis an den Rhein immer wieder von den Ungarn bedroht. Damals war Routbertus Erzbischof von Trier. Im Jahre 938 geschah es sogar, daß ein Teil dieser wilden Horden über den Rhein kam und durch die Eifel bis nach Kaisersesch und Lutzerath vordrang. – In dieser Zeit waren in den Wäldern zu beiden Seiten des Alfbaches viele Köhler an der Arbeit. Das Haupt dieser Köhlergemeinschaft war der starke und mutige Arras. Dieser hatte zwölf tüchtige Söhne, die ebenso stark und mutig waren wie ihr Vater. – Als nun die böse Nachricht vom Herannahen der Ungarn auch an seine Ohren drang, schickte er einen Boten an alle Köhler der ganzen Umgebung mit der Bitte, sie möchten doch alle möglichst schnell zu ihm kommen. Es dauerte nicht lange, da waren sie ohne Ausnahme bei ihm versammelt. Er teilte ihnen seinen Beschluß mit, sie mit Waffen auszurüsten, damit durch sie der Feind aufgehalten, ja wenn möglich sogar in die Flucht geschlagen werden könnte. Sie alle nahmen diese Aufforderung bereitwillig, ja freudig an. Bald standen sie auch schon in den Waffen und Arras ging daran, sie mit großer Umsicht hinter Felsen und Gebüsch auf den Höhen am rechten Ufer der Alf zu verteilen. – In der Tat. Es dauerte nicht lange, da waren diese gefürchteten Ungarn auch schon in den Wäldern angekommen. Ohne daß sie das Geringste geahnt hätten, empfingen sie von überall her Geschosse und es fiel einer um den anderen. Die übrigen jedoch wagten es nicht, weiter im Dunkel dieser Wälder vorzudringen. So hatten die Köhler wenigstens fürs erste erreicht, daß das Vordringen gestoppt war. – Inzwischen war aber bereits einige Zeit verstrichen. So hatten die Kriegsscharen des Pfalzgrafen Hermann genügend Zeit, den Köhlern zu Hilfe zu kommen. Als sie endlich eintrafen, umzingelten sie sofort die Ungarn. Es kam zu einer erbitterten Schlacht, bei der dieser Feind ganz aufgerieben wurde. Am anderen Tage kam der Pfalzgraf mit dem Erzbischof Routbertus zur Hütte des alten Kohlenbrenners Arras. Beide dankten dem alten Köhler für seine Hilfe und schlugen ihn und seine Söhne zu Rittern. – Erzbischof Routbertus aber ließ an der Kampf- und Siegesstätte zur Sicherung des Tales eine feste Burg aufführen, die er Arras nannte. Diese belehnte er reichlich mit Land und Leuten. Dort nun lebten die Herren von Arras lange Zeit. Sie erwiesen sich ihres Ahnherren stets würdig.

Die Kapelle auf dem Petersberg

Es ist schon sehr lange her. Inmitten des Friedhofs von Neef an der Mosel stand ein kleines Kirchlein. Dort wurden schon seit urdenklichen Zeiten die Bewohner zur letzten Ruhe gebettet. Nun geschah es mit den Zeiten, daß dieses ehrwürdige Kirchlein immer baufälliger wurde. So beschloß man, es abzureißen und an seiner Stelle ein neues, größeres zu erbauen. So geschah es denn auch. Nach spurloser Entfernung brachten Arbeiter und bereitwillige Dorfbewohner Holz und Steine zum Bauplatz. Der Neubau konnte also beginnen. Doch, als man früh am Morgen an die große Arbeit gehen wollte, da waren Holz und Steine vom Platz verschwunden. – Nun machten sich die Bauleute auf die Suche und sehr bald fanden sie das gesamte Baumaterial schön aufgestapelt auf der Höhe des Petersberges. Es wurde alles wieder zurückgebracht und das Bauen begann. In der darauffolgenden Nacht kam wiederum alles auf unerklärliche Weise auf die Höhe des Berges. – Nun beschlossen die Leute, während der kommenden Nacht eine Wache aufzustellen, um zu sehen, wer denn diesen ständigen Abtransport wohl bewirke. Mit großer Spannung sahen die Wächter der mitternächtlichen Stunde entgegen. Es rührte sich nichts. Der Himmel war verhangen, aber die Wolken standen vollkommen still. Auch in den Bäumen, Sträuchern und Weinreben herrschte vollkommene Ruhe. Eine Minute nach Zwölf jedoch tat sich plötzlich der Himmel auf. Eine Wolke leuchtender Gestalten schwebte hernieder und diese trugen alles in Windeseile wieder zur Höhe hinauf. – Nun verstanden die Bewohner von Neef, daß die Kapelle hoch droben in den Weinbergen nach dem Willen Gottes errichtet werden sollte. Sie fügten sich dem göttlichen Befehl und noch heute steht das Kirchlein inmitten des stillen Friedhofs an der Stelle, die Gott durch ein Wunder angezeigt hatte. Die Bewohner aber haben gerade zu diesem Kirchlein eine besondere Beziehung, weil sie seit langer Tradition wissen, Gott selbst hat den Standort des Gotteshauses ausgesucht und durch seine heiligen Engel unmißverständlich und gleichsam „hartnäckig“ angezeigt. So glauben sie auch, daß mit dem Besuch der Kapelle eine besondere Gnadenzuwendung verbunden sei.

Der heilige Nikolaus im Cochemer Krampen

Vor nicht allzu langer Zeit ragte bei Senheim im Cochemer Krampen ein Schieferfelsen, die „Lei“ genannt, weit in den Moselfluß hinein. Weithin war diese Stelle von den Schiffern sehr gefürchtet. Fast unweigerlich zog es jedes Schiff auf diesen Felsen zu und meist bedeutete dies den Untergang des Schiffes und den Tod des Schiffers. – Da kamen endlich fromme Leute aus Senheim auf den Gedanken, in eine Nische des Felsens ein Bild des heiligen Nikolaus zu stellen. Nun schien die Gefahr gebannt: Denn, jeder Schiffer, der angesichts der „Lei“ Sankt Nikolaus um seine Hilfe anrief, ward gerettet. – Eines Tages war hoher Wellengang in der Mosel und ein schwerbeladener Kahn mit wertvoller Fracht fuhr zu Tal. Da erfaßte die Strömung das Schiff und trieb es mit unwiderstehlicher Kraft und in großer Schnelligkeit dem Felsen und damit der Katastrophe zu. Alles kam so plötzlich, daß der Schiffer kaum mehr Zeit hatte, an den heiligen Nikolaus zu denken und ihn anzurufen. – Im allerletzten Augenblick aber rief er noch aus seinen letzten Kräften heraus: „Lieber heiliger Nikolaus, hilf mir – ich will dir auch eine Kerze stiften, so dick wie mein Schorbaum.“ Und in der Tat: Der Kahn drehte ab und gelangte in ruhiges Gewässer. – Kaum war die Gefahr gebannt, da drehte sich der Schiffer um, sah von ferne auf das Nikolausbild, zeigte dem Heiligen die Nase und sagte spöttisch: „Nekleschen, net dat kriegst de!“ – Der Spötter jedoch hatte nicht bedacht, daß ja bald noch einmal eine gefährliche Stelle kam, zwar nicht so gefährlich wie diese, aber immerhin. Schon nahte sich ihr der Kahn, der Schiffer bekam Angst und rief nochmals nach Sankt Nikolaus um Errettung. Aber all sein Rufen half nichts. Mit großer Schnelligkeit ward Schiff und Schiffer in die Strömung hineingerissen. Vom Schiffer fehlt bis zum heutigen Tage jede Spur.

Der Riese im Treiser Schock

In jener schrecklichen Zeit, als die Hunnen vom Rhein her über den Hunsrück zogen, hauste in einer dunklen Felsenhöhle am Rande des Schockwaldes ein Riese, der viel Unheil in der Gegend anrichtete. Vor dem Eingang zu seiner Höhle konnte man gewaltige Felsblöcke zu einer hohen Mauer aufgetürmt sehen. – Der Riese spielte gerne – aber für die Menschen war solches Spiel immer wieder von neuem ein Anlaß zum Entsetzen und zur Flucht, wenn diese überhaupt noch möglich war. Oft warf er in seinem Übermut riesige Felsklötze nach Bauern, die gerade auf dem Felde arbeiteten. Jeden Tag jagte er im Walde, und kein Tier war so schnell, daß es ihm entkommen wäre. – Das Gefürchtetste aber war, daß er, wenn er auf der Jagd durch Zufall einen Menschen antraf, diesen zwang, mit ihm mitzujagen. Dann ging es über Stock und Stein, durch Sträucher und Dickicht und mancher, der da mit mußte, glaubte nach kurzer Zeit, sein letztes Stündchen hätte geschlagen. Zwar ward nie berichtet, daß ein Mensch dabei zu Tode gehetzt worden wäre, dafür war der Riese doch zu gutmütig. Denn wenn er merkte, daß der Mensch einfach nicht mehr mitjagen konnte, ließ er ihn einfach laufen, allerdings unter schrecklichen Schimpfwörtern und Drohungen. – Im Laufe der Zeit hatte dies zur Folge, daß es kein Mensch mehr wagte, in den Schockwald zu gehen. – Nur einer ließ sich von dem Riesen nicht einschüchtern, ein frommer Einsiedler, der dreizehn Steinchen besaß, die in einem seltsamen Glanze strahlten. Wenn der Unhold ein solches Steinchen sah, dann war er gebannt und konnte dem Besitzer nichts Böses antun. – So bildete sich die Gepflogenheit, daß ein Mann, der in den Schockwald gehen wollte, vorerst den Einsiedler aufsuchte, um sich ein solches Steinchen auszuleihen. – Eines schönen Tages erschienen gar zwölf Männer zur gleichen Zeit beim frommen Mann und baten ihn um ein Steinchen. Bereitwillig gab er diesen einem jeden von ihnen. – Kaum waren diese Männer im Schockwald verschwunden, da klopfte noch ein junger Bursche an die Einsiedelei und bat um ein Steinchen. Der Einsiedler aber zögerte. Er hatte doch nur mehr einen, was sollte geschehen, wenn diese zwölf Männer den Stein nicht mehr zurückbrächten und auch dieser dreizehnte noch verloren ginge? Niemand könnte dann mehr den Riesen bannen. – Schließlich überwand er sich doch und lieh dem jungen Mann den Stein. Dankbar und froh zog dieser ins Waldesdunkel und fühlte sich ganz sicher. – Plötzlich stand der Riese vor ihm, schaute ihn grimmig-spöttisch an und schrie: „Auf zur Jagd.“ – Der Bursche aber erschrak so sehr, daß er das Steinchen fallen ließ und es trotz eifrigen Suchens nicht mehr finden konnte. Zu seinem größten Erstaunen jedoch ließ der Riese von ihm ab und er konnte unbehelligt davonlaufen. – Am Abend kehrten die zwölf Männer zum Einsiedler zurück und erklärten ganz verwundert: „Wir hätten eigentlich deine Steinchen gar nicht gebraucht, denn nirgends begegnete uns der Riese.“ Da kam der Einsiedler aus dem Staunen gar nicht heraus und dachte schon: „Vielleicht ist der Riese überhaupt ganz gebannt.“ – Kurze Zeit darauf kam auch der Bursche und war sehr verlegen. Er gestand: „Ich habe das Steinchen aus Schrecken vor dem Riesen fallen gelassen und konnte es nun nicht mehr finden." Da ging es allen auf, wieso der Riese nicht gesehen wurde: Das Steinchen des Burschen war offenbar so auf den Waldboden gefallen, daß es den Riesen in seiner Höhle bannte, so daß er nicht mehr herauskonnte. – Wehe, wenn ein Mensch das Steinchen jemals wieder finden sollte. Es wäre vorbei mit der Bannung des Riesen. Er könnte wieder auf die Jagd gehen und Menschen und Tiere in große Not stürzen. – Der Einsiedler dankte dem Burschen dafür, daß er, ganz ohne es zu wissen, die Menschen und Tiere von diesem Unhold befreit hatte.

Der heilige Castor vergibt

Um die Mitte des vierten Jahrhunderts wurde Castor, den man den „Apostel der Untermosel“ genannt hat, vom Trierer Bischof Maximinus zum Priester geweiht. – Sein Leben war das eines Einsiedlers. Sein Heim war eine Felsgrotte dicht über der Mosel bei Karden. Aber Castor verkroch sich nicht in seiner Grotte. Jeden Tag verließ er sie, begab sich mitten unter die heidnische Bevölkerung und predigte. Dazu wirkte er große Wunder. Wegen dieser seiner Tätigkeit bekehrten sich viele zum christlichen Glauben. – Eines Tages fuhr ein Schiff mit Salz an der Höhle von Castor vorbei. Der Heilige sah die reiche Ladung und erkühnte sich, den Schiffer um einen kleinen Teil davon zu bitten. – Doch dieser gab eine sehr unfreundliche Antwort und schlug die Bitte rundweg ab. – Kaum war dies geschehen, da erhob sich ein gewaltiger Windstoß und warf das Schiff so gegen eine Felsklippe, daß es unterzugehen drohte. Castor sah das drohende Unglück und segnete den Mann, der ihm geflucht hatte, mit einem Kreuzzeichen. – Da geschah das Wunder: Das Schiff mit seiner gesamten Ladung trieb wieder hoch, nichts war verlorengegangen, alles gerettet. Da fiel der Schiffer, der kurz zuvor so hartherzig gewesen war, auf die Knie und dankte dem Heiligen im Weiterfahren mit erhobenen Händen für seine Hilfe. Castor aber rief ihm noch nach: „Nicht ich habe dich gerettet, sondern unser Herr und Erlöser Jesus Christus selbst hat dies getan durch das Zeichen des heiligen Kreuzes. Ihm danke, vor ihm gehe in die Knie und erhebe deine Hände. Leb wohl – und wenn dich wieder einmal ein Mann Gottes um einen kleinen Anteil bitten sollte, dann gib ihm davon, denn wisse, in der Schrift steht geschrieben: ‚Was ihr einem meiner Geringsten getan habt, das habt ihr mir getan.‘“

Die Schwanenkirche

Das Heer Kaiser Friedrich Barbarossas war auf dem Zug ins Heilige Land. – Unter den Soldaten befand sich auch ein frommer Ritter von der Burg Pyrmont im Maifeldgau. – Bei den Kämpfen geriet dieser Ritter in die Gefangenschaft der Sarazenen. – Nun begann für ihn eine entsetzliche Zeit. In einem düsteren Turm mußte er schmachten, die Arme und Füße in schwere Ketten gelegt. Eine unbändige Sehnsucht nach Freiheit verzehrte ihn schier, und das Heimweh nach seiner Eifelheimat machte ihm sehr zu schaffen. – In dieser Situation verlor jedoch der Ritter nie seinen Glauben an Gott und seine Hilfe. Kurz: Seine einzige Hoffnung setzte der gefangene Ritter auf die Hilfe des Himmels, wußte er doch, daß keine irdische Macht ihn retten könne. – Als es nun schon acht Jahre waren, daß er in Gefangenschaft geraten war, geschah es, daß er an einem Frühlingsabend in einen tiefen Schlaf versank. Da hatte er einen merkwürdigen Traum: Im Verlies begann auf einmal ein großer, weißleuchtender Schwan zu schweben. Sodann sah er, wie er von diesem Schwan von seinen Fesseln befreit wurde. Dann bot ihm dieser große Vogel den Rücken dar, damit er aufsteige. Kaum war dies geschehen, da ging es in Windeseile viele hundert Meilen weit durch die Luft über Länder und Meere. Dann ging der Schwan langsam herunter, setzte sanft auf die Erde nieder. Er konnte absteigen – und der Schwan verschwand schnell in den Wolken. – Voll Seligkeit erwachte der Ritter. Noch hatte er die Augen geschlossen, er wagte sie gar nicht aufzutun, aus Angst, er könnte um eine schöne Illusion gebracht werden. Aber herumzutasten versuchte er – und er konnte es gar nicht glauben, da war ja nicht mehr der steinerne Boden des Gefängnisses, sondern die weiche, duftende Heimaterde. Darauf schlug er mutig die Augen auf – und siehe da: Um ihn herum die herrlichen Eifelberge, umstrahlt von der milden Sonne. Aus Dank für die Errettung baute er an der Stelle, wo ihn der Schwan abgesetzt hatte, eine Kapelle, die er die Schwanenkirche nannte. Noch heute steht das uralte Kirchlein auf einer Höhe nahe von Karden am Brohlbachtal. Auf der Turmspitze ist statt des Hahnes ein Schwan als Wahrzeichen angebracht.

Die todesmutige Gisela

Die weitberühmte Burg Eltz hütet in ihren Mauern auch eine Kammer für alte Rüstungen und Waffen. – Der aufmerksame Besucher wird nun feststellen, daß unter allen Rüstungen ein Brustharnisch besonders hervorsticht. Er ist sehr dunkel und zeigt an der linken Seite das Einschußloch einer Kugel. Fragt nun der Betrachter nach der Bedeutung dieses Panzers, dann bekommt er folgende Legende getreu durch die Zeiten erzählt: Nach alter Sitte war die Gräfin dieser Burg, Gisela mit Namen, schon in sehr jungen Jahren mit dem Junker von Braunsberg verlobt worden. – Als sie herangewachsen war, merkte sie, daß sie überhaupt nicht zu diesem Junker paßte. Sie sträubte sich wie sie nur konnte gegen eine Vermählung mit ihm. – Der Braunsberger aber wollte von dieser schönen und kräftigen Gisela unter gar keinen Umständen lassen. – Da traf es sich, daß die Gräfin viele Ritter zu einer großen Festlichkeit einlud. Auch der Junker von Braunsberg war dabei. Während des Mahles dachte nun dieser: „Jetzt oder nie. Ich werde sofort vor aller Augen Gisela im Rittersaale um einen Kuß bitten." Auf den Gedanken folgte sofort der Entschluß. Er stand von seinem Platz zum Erstaunen aller auf und schritt entschlossen auf Gisela zu. Knapp vor ihr blieb er stehen und sprach die Worte, während eine große Stille eintrat: „Gräfin Gisela, ich bitte Sie um Ihren Kuß. Ich darf dies wohl tun, da wir ja bereits seit Kindeszeiten einander verlobt sind." – Gisela jedoch erhob sich hoheitsvoll, sah den Junker verächtlich von oben bis unten an – und wies ihn ab. – Da brauste ein schallendes Gelächter unter den anwesenden Festgästen auf und der Braunsberger stand zutiefst beschämt da. – Dann faßte er sich und verließ im selben Augenblick die Tafel und die Burg. – Es dauerte nur wenige Stunden, als die Gräfin durch einen Boten die Erklärung der Fehde erhielt. – In höchster Eile rief sie nun alle Mannen der ganzen Umgebung zusammen, um den Ansturm wirksam abzuwehren. – In der nächsten dunklen Herbstnacht überfiel der Junker die Burg, um Gisela mit Gewalt zu entführen und sie zu seiner Frau zu machen. Blitzschnell entstand ein wildes Handgemenge. Die Besatzung der Burg kämpfte heldenmütig. Unter den Mannen aber fiel einer von jugendlichem Alter besonders auf. Er zeichnete sich durch seine Geschicklichkeit und Tapferkeit vor allen anderen aus. Seine Schwerthiebe saßen, wie das bei niemandem anderen der Fall gewesen ist. Als das Gemetzel so hin und her ging, da richtete der Braunsberger auf einmal seine Waffe gegen diesen jungen Ritter. Als er ihm ganz nahe war, feuerte er auf den Brustpanzer und durchbohrte ihn, so daß die Bleikugel mitten ins Herz des tapferen Kriegers traf. Langsam sank er vom Pferde und verblutete in den Händen seiner Mitkrieger. Der Sieg jedoch war auf seiten der Krieger von Eltz. Schnell zog der wütende Junker ab, und nun trugen die Eltzer den Leichnam ihres tapfersten Streiters in die Burg hinein. Im Rittersaale legten sie ihn ehrfürchtig auf ein schnell hergerichtetes Bett. Dann suchten sie nach ihrer Gräfin Gisela, die sie in einem Versteck der Burg verborgen wähnten, um ihr den siegreichen Ausgang der Schlacht mitzuteilen und zugleich vor ihren

Augen den Panzer des tapfersten Kämpfers zu öffnen. – Doch sie konnten die Burgherrin nicht finden. In der Hoffnung, sie werde sowieso gleich kommen, angelockt durch die Rufe der Freude und des Siegestaumels, die durch alle Räume der Burg erschallten, begannen nun die Umstehenden, den Harnisch des Gefallenen zu lüften. – Doch kaum war dies geschehen, stoben alle auseinander und waren förmlich starr vor Schrecken. Denn das Antlitz, das sie auf einmal sehen konnten, war das der Gräfin Gisela selbst. Gisela also war der tapferste Ritter und Gisela war als der mutigste Streiter im Kampfe gefallen. – Alle verharrten stumm und neigten ihr Haupt in Ehrfurcht und Dankbarkeit, in Trauer und Schmerz vor der großen Gisela, die sich ganz für ihre Burg hingeopfert hatte und so zur Retterin von Eltz geworden war. – Als dies schließlich auch dem Braunsberger gemeldet wurde, brach er in ein langes Schluchzen aus, weil er zum Mörder an seiner eigenen Verlobten geworden war. Haß, Rachsucht und Irrtum hatten ihn dazu verführt. Nun war sie ihm für immer verloren – und er verfiel von diesem Augenblick an dem Wahnsinn, bis ihn der baldige Tod davon befreite.

Das Lämmchen am Hatzenporter Berge

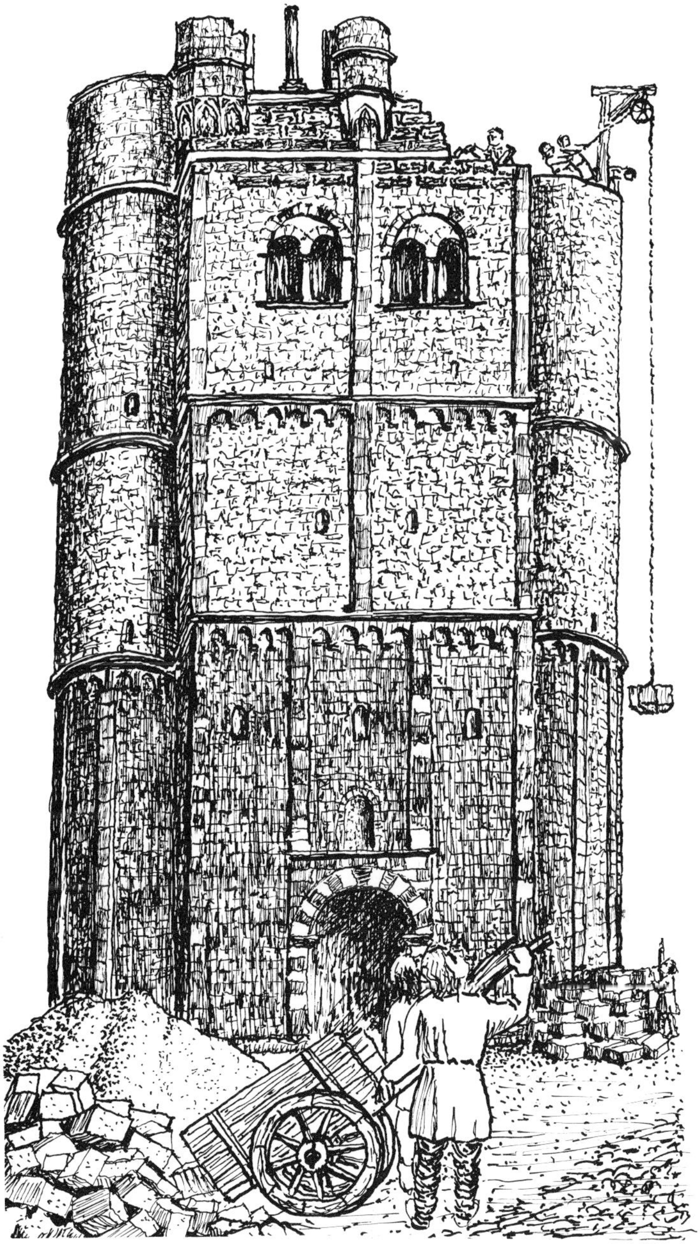

Viele Menschen kennen das herrliche Gotteshaus von Münstermaifeld. – Es gehört wohl zu den schönsten seiner Art in den rheinischen Landen. Auf römischen Grundmauern ist es errichtet. – Es leuchtet jedem ein, wenn die Legende berichtet, daß an diesem Bau durch mehrere Jahrhunderte gearbeitet worden ist. – So kam es auch vor, daß aus verschiedenen Gründen die Bauarbeiten immer wieder unterbrochen wurden. – Als jedoch nach einer besonders langen Pause die Handwerker wieder an ihre Arbeit gehen wollten, fehlte es ihnen an schönen und geeigneten Steinen. Nun begannen sie eifrig zu suchen. Da merkten sie auf einmal, wie am Abhang des Hatzenporter Berges mehrmals zwischen den Ginsterbüschen ein schneeweißes, zierliches Lämmchen stand, das dann plötzlich verschwand, wenn sich jemand ihm nähern wollte. An der Stelle aber, wo es des öfteren zu stehen pflegte, fanden die Arbeiter endlich jenes Gestein von schöner Körnung und Farbe, das sie für den Kirchbau als besonders geeignet empfanden. In großer Eile wurden große Vorräte davon gebrochen und behauen. – Als die Tage kamen, da die Steinbrecher ihre Arbeiten wieder einstellen wollten, brachten, wie sonst auch, Kinder ihnen das Mittagessen. Anschließend liefen diese in die nahen, blühenden Büsche und begannen Versteck zu spielen. Während sie spielten, sahen sie plötzlich das Lämmchen neben sich stehen. Ganz aufgeregt und freudig zugleich riefen sie nach den Arbeitern, sie möchten doch kommen, das Lämmchen, das früher so oft dagestanden war, sei wieder hier. – Die Arbeiter ließen alles liegen, stiegen aus der Tiefe empor und hofften nun, wenigstens zum Schluß das Lämmchen ganz nahe erleben zu dürfen. Doch als der letzte der Leute aus der Tiefe emporgeklettert war, stürzte der ganze Fels mit fürchterlichem Getöse in die Tiefe. Da erkannten die Arbeiter, daß sie durch das Erscheinen des Lämmchens vor dem sicheren Tode gerettet worden waren und dankten Gott auf den Knien für seine Güte. – Als sie weggingen, fanden sie zu ihrem großen Erstaunen auf dem schmalen Fußpfade, der zum Steinbruch führte, ihre Hämmer, Meißel und Stemmeisen wieder, die sie vorhin in der Tiefe zurückgelassen hatten. Gott also hatte es gewirkt, daß diese Arbeiter nicht nur vom Tode errettet wurden. Er sorgte durch dieses neue, zweite Wunder auch dafür, daß sie ihr Werkzeug wieder erhielten. Damit konnten sie dann an anderer Stelle schöne Steine für den Kirchbau brechen. An dieser Stelle aber ward kein schönes Gestein mehr gefunden. – So kam es, daß verschiedene Gesteinsarten aus verschiedenen Gegenden dazu beitragen konnten, den Bau des Gotteshauses von Münstermaifeld wirklich so herrlich zu gestalten – zur Ehre Gottes und zur Freude der Menschen bis zum heutigen Tage.

Das Miseräbelchen

Noch wandelte unser Herr Jesus Christus auf dieser Erde. – Da hatte er eines Tages den sehnlichsten Wunsch, vom fernen Heiligen Land doch auch einmal an die herrliche Mosel mit den vielen schönen Weinhängen zu kommen. – Aber er wollte diese Freude nicht allein genießen. Seine Apostel sollten auch daran Anteil haben, gleichsam als Lohn für ihre vielen Mühen und ihre Treue. So kam denn endlich der Tag, daß Jesus und seine Apostel an der Mosel eintrafen. Es war überdies ein sehr heißer, ja gefährlich schwüler Tag. – Nur zu verständlich, daß alle einen großen Durst bekamen. Der stundenlange Marsch an der Uferstraße hatte sie zusätzlich noch sehr ermüdet. Fast konnten sie alle schon nicht mehr gehen. Da hatte der Herr mit ihnen Erbarmen. Durch seine Weisheit fanden sie alsbald einen großen, schattigen Nußbaum. Darunter ließen sie sich nieder. Aber der Durst wurde immer quälender. Da baten sie Jesus inständig, er möge diesen Durst doch löschen. Der Heiland bat nun den heiligen Petrus, seinen Stellvertreter auf Erden, in das nächste Dorf zu gehen. Dort sollte er nach einem guten, in der Hitze wirklich bekömmlichen Moselwein fragen und, nach der Bezahlung gefragt, antworten: „Euer Heiland und Erlöser möchte diesen Wein. Er wird euren Labetrunk reichlich belohnen." – Petrus war zwar auch schon sehr müde und durstig, aber weil Jesus ihn darum gebeten hatte, machte er sich ohne Murren auf den Weg nach der nächsten Ortschaft. – Es dauerte nicht lange, da war er schon in einem schmucken Moselstädtchen angekommen. Schon im ersten Haus war ein großer Weinkeller. Aus diesem kam würziger Weinduft bis auf die Straße. Der heilige Petrus war des Wanderns und langen Suchens nun wirklich müde und betrat sofort dieses Winzerhaus. Dann stieg er in den Keller hinunter und traf dort auf einen fröhlichen Mann, der eben an einem Fasse hantierte. Dieser Mann merkte dem Petrus seine Heiligkeit und noch mehr seinen großen Durst an. Sogleich reichte er ihm eine dickbauchige Holzkanne mit kühlem Weine. Petrus leerte sie in einem Zuge bis auf den Grund. Hierauf bat er, der Winzer möge ihm die Kanne nochmals bis zum Rande füllen. Dann bedankte er sich im Namen Jesu und versprach den Segen des Himmels für dieses freundliche Winzerhaus. – Kaum war der Apostelfürst auf dem Wege zum großen Nußbaum, da begann der Wein aus der bis oben gefüllten Kanne auf die staubige Straße zu spritzen. – Dies tat Petrus von Herzen leid, und er seufzte: „Schade um jeden Tropfen." Dann blieb er stehen und trank, um weitere Vergeudung zu verhüten, einen Schluck ab. Allein, er setzte zu hastig an, und so trank er mehr, als es angemessen war. Aber der Heilige war auch manchmal schlau und wußte sich zu helfen. Schnell zog er aus seiner Hosentasche ein kleines Messerchen und schnitt damit den Rand der Kanne ringsum ab. – Aber es verging keine halbe Stunde, da spritzte schon wieder Wein auf die Straße, und Petrus trank wieder mehr als notwendig – und schnitt nochmals den Rand der Kanne etwas ab. – Aber es war dies nicht das letzte Mal. Noch oft ging es so mit dem Wein und noch oft trank Petrus mehr als gut und richtig.

– Endlich kam er am Nußbaum an. Jesus und seine Jünger hatten schon etwas ungeduldig auf ihn gewartet. Als Jesus aber den Petrus mit der kleinen Kanne und der geringen Menge Weines dastehen sah, wurde er im Inneren zornig, und seine Jünger nicht weniger. Bevor er noch ein Wort sagte, erklärte Petrus kleinlaut: „Hierzulande sind alle Becher so klein!“ Schnell reichte er dann dem Herrn das Gefäß zum ersten Trunk. Doch dieser antwortete: „Behalte dein Miseräbelchen“ – und zu den anderen Aposteln gewendet fuhr er fort: „Nun sollt ihr, meine Getreuen, einen ordentlichen Trunk erhalten. Petrus aber mag zuschauen – denn er hat seinen Teil schon vorweggenommen.“ – Seit dieser Begebenheit werden an der unteren Mosel die kleinen Schöppchen Miseräbelchen genannt – bis zu dieser Stunde. Das ist die volle Wahrheit.

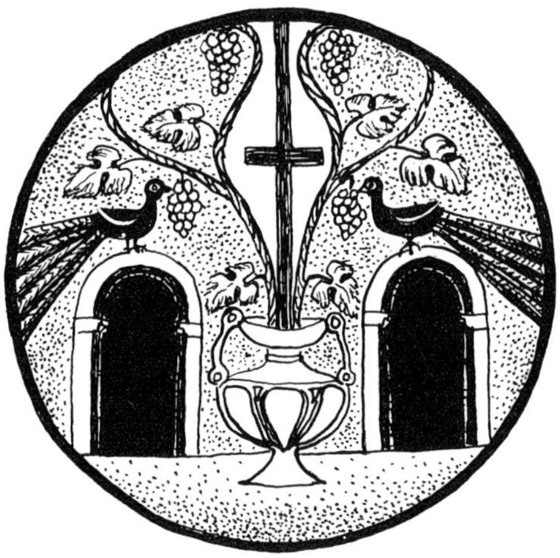